내 이름을 찾아주오

내 이름을 찾아주오

효孝·열烈의 이념 속으로
스러져 간 조선 소녀들의 목소리

임이랑

전북대학교출판문화원

목차

사실과 허구의 줄다리기, 전傳

사실과 허구의 줄다리기, 전傳

예로부터 우리는 이야기를 사랑해왔습니다. 누구나 살아가면서 수많은 일을 겪게 되고, 그때마다 복잡다단한 사유의 세계로 빠져들며, 그 치열한 고뇌는 곧잘 '이야기하기'라는 행위를 통해 해소됩니다. 내 삶의 고단함과 울분을 이야기로써 한바탕 씻어내기도 하고 때로는 남이 들려주는 이야기에 자신의 일인 냥 몰입하여 함께 울고 웃지요. 그렇게 우리는 이야기함으로써 서로의 삶을 토닥이며 저마다의 일상에서 균형을 찾아가곤 합니다. 물론 이야기가 우리 삶의 모든 문제를 말끔히 해결할 수는 없으며 우리는 이미 그 사실을 알고 있습니다. 중요한 점은 그럼에도 인간은 이야기하는 존재 즉, 호모 나랜스Home narrans로서 살아가기를 중단하지 않는다는 사실입니다. 여러 이유가 있겠지만 무엇보다 우리의 직관과 경험이 이야기하기를 통한 치유와 쾌감의 가치를 끊임없이 일깨워주기 때문 아닐까요.

헌데 그래서인지 우리는 자신이 겪은 있는 그대로의 사실만을 전하기도 하지만 이러저러한 이유로 이야기를 더욱더 '이야기스럽게' 각색할 때가 많습니다. 듣는 이의 흥미와 공감을 위해 사실을 어느 정도 과장하는 경우는 흔하고, 자신의 입장에 더 유리하도록 누군가에게 날을 세우며 작심하고 사실을 왜곡하는 경우도 종종 봅니다. 어쩌면 인간에게는 진실과 거짓을 교묘하게 뒤섞으려는 본능(혹은 재능)이 있는 걸까 싶을 만큼 사실 그 자체만으로 전해지는 이야기는 매우 드문 편입니다.

이런 점에서 이야기란 생래적으로 역사와 문학을 넘나드는 면이 있습니다. 신화 시대를 대표하는 단군이나 주몽만 떠올려 보아도 이야기가 가진 사실성과 허구성이 동시에 확인되지요. 그런데 이야기의 면면을 살펴보면 실상 단군, 주몽 신화는 허구성이 압도하는 이야기입니다. 다만 우리가 그것을 신성하게 여기며 우리 민족의 뿌리라고 믿기 때문에 그 이야기들은 한국인의 신화이자 한반도의 역사로 존재할 수 있는 것이지요. 즉, 신화는 고대 사회의 통치 질서를 수립-유지하기 위해 사회적으로 학습된 이야기로서 사실성을 확보해갔다고 할 수 있습니다.

구비전승이 활발했던 고대를 거쳐 기록문학이 융성했던 중세로 넘어오면 사정이 어떨까요. 우리 문학사에서는 한문학이 본격화된 5세기 무렵부터 17-18세기까지를 중세 시대로 상정하는데요, 이 시기의 기록문학 가운데 이야기로서 아주 흥미로운 문학 갈래가 바로 '전傳'이라고 하겠습니다. 전이란 한 사람의 일생을 서술하는 것으로 사실의 기록을 본령으로 삼는 갈래입니다. 동양에서는 사마천司馬遷의 『사기史記』 열전列傳을 전 갈래의 기원으로 보는 만큼 역사적 인물의 출생부터 주요 행적을 집약한 뒤 인물에 대한 평가가 덧붙는 것이 기본 구조입니다. 우리의 경우도 예컨대, 나라를 위해 목숨 바친 충신, 정려비가 세워질 만큼 빼어난 효자나 효녀, 열녀 등과 같이 중세 사회의 근간이라 할 수 있는 충忠·효孝·열烈을 모범적으로 실현한 인물들이 주로 전의 대상이 되었습니다.

전은 이렇듯 실존 인물을 대상으로 그의 삶을 사실적으로 다룬다는 점에 기초하고 있지만 한편으로는 기록자마다의 안목과 취향, 기록 의도에 따라 인물에 대한 평가가 달라질 수 있다는 미묘한 특성이 있습니다. 같은 인물을 다룬 경우라도 기록자가 주요 일화를 어떤 방식으로 선별-배치하느냐에 따라 조금씩 혹은 확연하게 다른 이야기로 재구성되기도 하는 것입니다. 결국 전이란 '사실'과 '허구'라는 양가적 속성을 동시에 지닌 갈래이기에 작품에 따라 사실의 기록에 더 충실하는가 하면 때로는 허구적 서사로서의 특성이 더욱 강조되는 경우가 있게 되는 것이지요.

이를 유념하면서 중세의 시대 구분을 좀 더 세밀히 해보자면, 주로 조선 전기의 전은 규범적 인물을 상찬하거나 그 반대의 인물을 비판하는 식의 작품이 많았습니다. 이 시기의 전은 중세의 윤리 규범을 강화하는 데에 일조하는 사회적 교구教具로서의 역할에 충실했다고 볼 수 있어요. 그러다가 조선 후기에 이르면 이전 시기에 비해 내용과 형식 면에서 과감한 파격과 분방한 변형을 시도한 흔적을 확인할 수 있는 전 작품들이 다수 등장합니다. 평생을 떠돌며 기이한 행적만 드문드문 남긴 채 삶을 마감했지만 길이 회자될 만큼 천부적 재능을 가졌던 비운의 화가나 시인들처럼 사회 구성원에게 영감과 여운을 남기는 인물이라면 누구라도 입전立傳(전 작품의 중심인물로 삼음) 대상이 될 수 있었습니다. 전은 이렇듯 신분, 계급, 이념을 떠나 점차 다채로운 인물을 발굴해 삶의 진리를 일깨우는 방향으로 확장되면서 급기야는 허구적 인물까지 입전하게 됩니다. 오늘날에도 많은 이들이 즐겨 읽는 소설의 주인공처럼요.

규범적이던 초기의 전은 충·효·열의 이념적 삶을 실천한 인물들의 행적을 교조적인 취지에서 양산하던 기존의 목적으로부터 탈피해 나갑니다. 신이하고 기묘한 인물을 발견하거나, 이념적 삶을 살아낸 규범형 인물을 다루더라도 이전과 달리 새로운 시선으로 조명하게 되는 것이지요. 제 경우, 이러한 양상을 좇아 인물전을 공부하는 과정에서 흥미로운 순간 중 하나는 미세한 변화의 기미 즉, 균열의 조짐이 포착될 때였습니다. 작정하고 교훈을 내세우거나 애초에 허구적 인물과 사건을 상상으로 기록한 경우도 모두 그 나름의 의미가 있지만, 대체 이 인물이 진짜인지 가짜인지 이 사건은 어디까지 실사이고 어디부터 상상인지 그 경계를 알기 힘든 '이야기'로 다가오는 경우가 재미있었습니다.

요컨대 이 책은 주로 조선 후기의 인물전에 나타난 양상에 주목합니다. 일찍이 학계에서도 전 갈래의 변화를 파격적으로 감행한 인물로 박지원과 이옥을 주목해왔는데요, 조선의 문인으로서는 변혁에 가까운 자취를 남겼다고 평가되는 인물들인 만큼 여기서도 두 사람이 남긴 기록을 중요하게 다룹니다. 단, 어떤 변혁이든 그것이 시도되기까지는 몇 차례 분열의 징후가 있기 마련이지요. 조선 후기 인물전의 세계에도 많지는 않으나 그런 흔적이 분명 남아 있습니다. 조선이라는 경직된 이념사회 속에서 이런 혼돈을 겪어내며 살아남은 이야기들, 궁금하지 않나요?

이 얼마나 아름다운 이야기인가

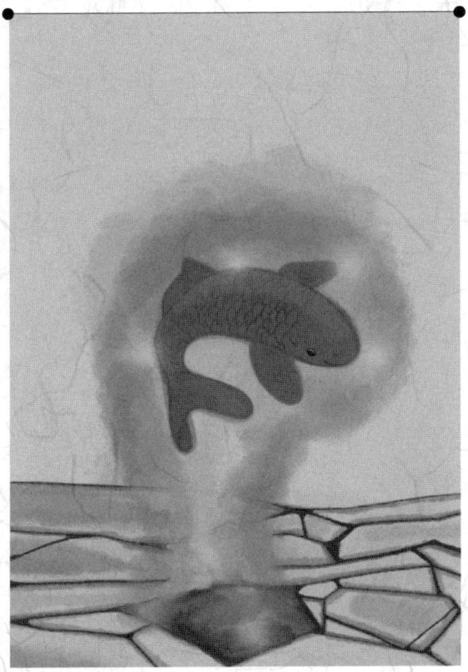

이 얼마나 아름다운 이야기인가

유교걸, 유교보이라는 우스갯말이 있지요. 요즘 젊은 세대 가운데 전통 시대의 사고방식을 고수하는 일부를 지칭하는 신조어라고 하겠는데요, 예를 들어 "난 집에 일찍 들어가야 돼. 유교걸이라서."라든지, 짧은 치마를 입은 여자 친구를 지나치게 단속하는 보수적인 남자에게 "너도 유교보이냐?"하는 식입니다. 대체로 구시대적 관념을 탈피하지 못한 자신 혹은 타인을 향한 가벼운 조롱의 형태로 활용되는 것으로 보이는데 사실 이러한 지칭이 유머로 소비되는 사회문화적 맥락은 결코 가볍지 않습니다.

여자 친구의 복장에 예민하게 반응하던 남성이 만약 배우자를 구하면서 내 아내는 요리를 잘했으면 좋겠다, 건강한 아이를 낳고 잘 기를 수 있으면 좋겠다, 시부모를 자주 찾아뵙는 혹은 한집에 모시고 살 수 있는 사람이어야 한다는 등의 조건을 노골적으로 강조할 경우 그를 향한 시선은 더이상 조롱에 그치지 않습니다. 여성의 경우도 예컨대, 혼전순결을 지켜 결혼한 여성이 배우자에게 충실했으나 불행히도 그 배우자가 방탕하여 부부의 신뢰를 저버렸을 때, 끝내 절연하지 못하고 묵묵히 인내하며 계속해서 그의 아내로 살아가기를 선택하는 이들은 같은 여성들에게조차 힐난의 대상이 되고 맙니다. 유교는 본래 동양 철학의 근간을 이루는 방대하고 심오한 세계관이지만 이 신조어들이 활용되는 저변의 인식으로만 미루어 보아도 한국 사회의 유교란 사실상 '가부장적 통념'으로 치환된다고 하겠습니다.

그렇다면 가부장제가 강력하게 유지되던 조선 사회에서 흥미로운 '이야기'로서 당대인의 이목을 끈 경우는 무엇일까요? 여기서는 여성의 윤리 규범을 다룬 인물전을 주목해 보려 합니다. 당대의 여성들은 가부장에게 당위적으로 순종해야 하는 입장이었기 때문에 그 안에서 다른 구성원과 갈등을 겪기도 하고 때로는 혼자 내적 분열로 고통받기도 하면서 그야말로 '이야기적인' 곡절과 사연을 축적하며 살아가기 때문이지요. 특히 아버지를 공경하는 딸로서, 남편과 시부모를 위하는 아내 혹은 며느리로서, 자식을 책임지는 어머니로서의 각 역할은 어느 하나 소홀할 수 없으면서도 미묘하게 충돌할 때가 있어 전통 사회의 여성들이 떠안은 일생의 난제였다고도 하겠습니다.

유교 문화권에서는 이를 삼종지도三從之道라는 말로 규정해 왔는데요, 그중에서 특히 딸과 아내에게 기대되던 효孝와 열烈이라는 이념은 가히 절대적인 윤리였습니다. 이를 적극적으로 수용했던 조선조는 효나 열의 실천을 곧 여성의 덕德으로 간주하며 이를 대대적으로 칭송하고 권면했습니다. 그 과정에서 조선 사회의 구성원들은 귀감이 될 만한 여성의 삶을 공유하는 방편으로 그의 행적을 담아낸 각종 이야기를 개인적·국가적 차원에서 끊임없이 생산하고 유통하기에 이릅니다. 이처럼 효·열 이념과 관계된 여성 인물전은 역사적 맥락에서 볼 때 조선 사회 전반을 관통하며 독자적인 지형을 구축했던 만큼 고전 서사의 중대한 영역이라 할 수 있습니다.

이와 같은 배경에서 먼저 효녀 이야기의 시원을 추적해 보면, 『삼국사기』의 「효녀 지은」이나 『삼국유사』의 「빈녀양모貧女養母」로 소급될 만큼 그 역사가 깊은데요, 이들은 널리 알려진 효녀 심청의 근원이 된 기록들입니다. 이후에는 『고려사』 열전의 '효우孝友' 대목에 「정신우의 딸」과 「신사천의 딸」로 이어지는데, 정신우의 딸(17세)은 억울하게 형벌을 받은 아버지의 사연을 조정에 상고하여 해배解配(귀양에서 풀려남)를 이끌었고, 신사천의 딸(16세)은 아버지를 죽인 왜적에 거칠게 저항하다 죽음을 맞은 후 정려된 인물입니다. 아직 시집을 가지 않은 어린 딸이 부모를 위해 효행을 실천했던 이러한 효녀 이야기는 이후 조선조 전반을 거쳐 인물전의 형태로도 꾸준하게 전승됩니다.

몇 가지 예시하면, 효녀들은 대체로 가난한 환경 속에서 걸행이나 품팔이 등으로 부모가 살아계시는 동안 정성껏 봉양하는 경우가 많은데요, 이는 가장 현실적인 방식의 효행으로 당대인들의 보편적인 윤리의식이 반영된 사례라 할 수 있습니다. 그러나 경우에 따라 부모의 목숨이 위태로운 상황이 전제되면 효행의 양상이 다소 과격해지기도 합니다. 어린 딸이 강물 등에 투신해 부모를 구한 뒤 자신은 목숨을 잃는 이야기, 또는 부모의 병환이 깊어지자 단지斷指(손가락 자르기), 할고割股(허벅다리 살 베어내기)와 같은 방식으로 자신의 신체 일부를 훼손하여 부모의 목숨을 얼마간 연장케 하는 이야기들이 적지 않게 눈에 띄기 때문이지요.

그렇기에 이들은 현대의 관점에서 보면 진정한 효로 인정하기 어려운 점이 있기도 하지만 당시에는 부모를 위한 용기 있는 결행으로 간주되어 미담美談으로서 회자되었다고 볼 수 있습니다. 부모 사후에 지극정성으로 시묘살이를 하는 등 상례가 치러지는 내내 온 열성을 쏟은 나머지 삼년상을 마친 후 훼사毁死(특정한 질환이나 사고에서 기인한 것이 아니라 단지 몸이 너무 상하고 기력이 다 소진되어 자연히 죽음에 이름을 의미함)하고 마는 경우도 마찬가지로, 오늘날의 인식에 비추어 보면 분명 지나치다는 인상이 남지만 당대인들에게는 그저 열렬한 효로 인식되었습니다.

이와 달리 한편에서는 효행의 양상이 점차 초현실적으로 비화되어 나타나기도 합니다. 병환을 앓던 부모를 위해 자식이 자신의 간이나 창자와 같은 장기를 꺼내 먹여 소생시키는가 하면 한겨울에 눈 덮인 산에서 제철이 아닌 열매를 우연히 얻거나, 꽁꽁 얼어붙은 강물 속에서 갑자기 잉어가 튀어오르는 등 불가사의한 방식의 효행을 담은 일련의 이야기가 유행처럼 번져갔습니다.

이처럼 효녀전의 양상은 당대 및 오늘날의 누구라도 인정할 수 있는 상식적인 효행, 시기별 인식 차이가 존재하는 효행, 어느 시기라도 쉽게 용인되기 어려운 이른바 효감이적孝感異蹟 류의 효행 정도로 정리해볼 수 있겠습니다. 내용 면에서는 차이가 있지만 이들은 모두 중세 이념을 고취하기 위한 사회적 목적에 따라 지속적으로 재생산되었다는 점에서 동형의 서사입니다. 즉, 예시한 효녀전의 내용은 결국 조선 사회를 풍미했던 투식적 효에 해당합니다. 그리고 이러한 투식으로서의 효행은 효녀, 효자를 구분하지 않고 동일하게 적용될 수 있습니다. 효녀전과 효자전은 많은 부분을 서로 공유하고 있는 것이지요. 미리 귀띔하자면 이런 점에서 다음 장에 소개할 효녀전은 더욱 남다른 점이 있습니다.

시집간 이후의 여성이 아내나 며느리로서의 도리를 다한 열부 혹은 효열부의 이야기는 효녀보다 훨씬 더 적극적인 양상으로 전해집니다. 14세기 말 이곡李穀이 쓴 「절부조씨전節婦曺氏傳」은 전쟁 때문에 아버지, 시아버지, 남편을 잃은 한 여성이 일생 동안 절개를 지키며 홀로 고투했다는 내용입니다. 작자는 이 여성이 비극적 삶을 살아가는 중에도 봉제사奉祭祀, 접빈객接賓客과 같은 역할에 충실했다는 점을 강조해 두었는데, 그렇기에 이 작품은 여성의 유가적 덕행을 찬미하기 위해 기록된 열녀 이야기의 전형으로 평가되고 있습니다. 이처럼 이곡의 전을 필두로 당대의 보편적 여성관이 반영된 열녀전은 특히 18세기 전후에 폭발적으로 기록되어 있습니다.

앞서 효녀전의 투식성을 말씀드렸는데요, 열녀전 역시 그와 비슷한 경우가 많습니다. 예를 들어 남편이나 시가 식구들이 아플 때 아내 혹은 며느리로서 헌신적으로 간병하는 이야기에서는 단지, 할고와 같은 신체 훼손이나 설산의 산딸기처럼 초현실적 약재를 우연히 구하는 방식이 반복됩니다. 남편이 죽어 슬픔을 이기지 못한 아내가 장례를 마친 직후 따라 죽거나 삼년상을 치른 후 자진自盡하는 식의 순절 행위도 부모를 위한 자식의 열렬한 효행과 유사합니다.

열녀전에서 추가로 언급할 수 있는 부분은 '자식'과 관련한 대목인데요, 이는 시가에 속한 존재로서 아내 혹은 며느리에게 요구되던 중대한 과업이 '시가의 대를 잇는 것'이라는 인식에서 발현된 결과로 보입니다. 실제로 당시 과부들은 아들을 낳았다면 끝까지 양육해야 했고, 자식이 없다면 양자를 들여 장성케 하기도 했기 때문이지요. 이밖에도 시가에 불이 났을 때 수절하던 과부가 불길 속에서 신줏단지를 끌어안고 지켜낸다는 이야기 등 열녀전도 효녀전처럼 몇 가지 양상으로 나뉘지만 결국은 모두 투식으로서의 열에 수렴하기에 어떤 이야기이든 서사적 목적은 동일한 것으로 간주될 수 있겠습니다.

효녀나 열부 이야기라고 하면 으레 떠오르는 줄거리가 있듯이 효녀전, 열녀전은 이렇듯 전통 사회의 이념을 고취하려는 교훈성이 매우 강합니다. 그렇기에 미담 위주의 정형성을 벗어난 작품은 그다지 많지 않습니다. 조선 후기에 중점을 두어 총 200여 편의 효녀전, 열녀전을 살폈지만 이들은 대개 사회 교화를 위한 일종의 '보수적 미담'으로 입지를 굳건히 해왔다는 사실을 확인하게 될 따름이었습니다. 18세기 무렵 일시적으로 몇 가지 변화가 포착되나 이는 금세 다시 경색되고 맙니다. 19세기 작품들은 오히려 이전 시기보다도 훨씬 더 이념을 치장하고 숭앙하는 태도를 단적으로 확인시켜 주는 기록이 더욱 눈에 띄었기 때문이죠.

그러나 사정이 이럴수록 찰나에 내비친 당대인의 미세한 인식 변화는 더욱 흥미롭고 소중해집니다. 효녀전과 열녀전을 남긴 기록자의 시선에서 지금의 우리와 비슷한 문제의식이 읽히는 순간, 그토록 열렬하고 절절하게만 여기던 효녀와 열녀들의 삶은 그들에게도 더는 아름다운 이야기가 아니게 된 것이니까요.

그 말씀은 칭찬이 맞습니까?

그 말씀은 칭찬이 맞습니까?

전통 사회의 실존 인물이나 실제 사건이 이야기로 전해지는 데에는 몇 가지 공통적인 국면이 존재합니다. 앞에서 언급해둔 것처럼 과거에 중요시되던 충·효·열과 같은 이념에 충실한 삶은 일종의 미담美談으로 회자되는 경우가 많습니다. 이와 반대로 충격적인 범죄 및 비행을 둘러싼 각종 목격담, 경험담 등은 다소 허황한 소문처럼 떠돌면서도 종종 이야기의 중심에까지 진입하기도 합니다. 그러다가 때로는 이러한 양극단의 속성 즉, 미담과 괴담이 한 작품 안에서 뒤섞이기도 하는데요, 그 경우 뭇 사람들의 흥미를 끄는 이야기로서는 매우 강력한 생명력을 가지게 됩니다.

기록문학의 시대에 흥미로운 이야기로 전해질 수 있었다는 것은 여러 사람이 그 작품을 즐겨 읽었다는 점과 더불어 기록자의 입장에서도 '저 이야기는 나도 한번 써보고 싶다', '나라면 더 흥미롭게 써볼 수 있겠다'는 식의 도전 의식을 가져보게 한다는 의미도 있겠습니다. 조선 후기의 이른바 '박효랑 사건'을 다룬 일군의 이야기는 효라는 이념에 기반하지만 시집가지 않은 딸의 투전鬪戰적 효행이 담긴 복수 서사라는 점에서 훈훈한 미담과 허황한 소문이 교직된 대표적 사례입니다. 이런 점에서 박효랑을 다룬 전 작품은 인물전을 기록하던 문인들 사이에서 대유행을 거치며 다채롭게 변주되고 적극적으로 재생산됩니다. 박효랑이라는 동일 인물을 입전한 작품들임에도 기록자마다 색다른 버전version의 이야기 구성을 시도했던 것이죠.

그럼 먼저 실제 박효랑 사건의 개요를 살펴보겠습니다. 이 사건은 효랑의 아버지가 선산의 묘지 분쟁에서 패소하고 장형을 당한 뒤 죽음에 이른 데에서 비롯됩니다. 이에 훗날 박효랑이라 일컫게 된 두 딸(큰딸-박문랑, 작은딸-박증랑)은 부친의 신원伸冤을 위해 연이어 과격한 행보를 선택하는데요, 당시 많은 사람들이 이것을 강렬한 효행으로 인식하여 칭송하였고 나라에서도 정려해 주었으나 어쩐 일인지 끝내 사건의 실체가 명백하게 밝혀지지는 못했습니다. 일련의 과정을 주요쟁점에 따라 단계별로 조금 더 세분화해 정리하면, '세력차가 있는 양 박가의 산송山訟-권세가의 승소-패소로 인한 형벌에 따른 박수화(효랑의 아버지)의 죽음-아버지의 원수를 갚기 위한 큰딸의 도발-권세가의 반격으로 발발된 양 가문의 혈투-큰딸을 비롯한 권세가 얼족 3인의 죽음-부형의 원통함을 알리기 위한 작은딸의 상경-권세가 얼족 3인의 죽음에 대한 조사와 범인 처벌-미제 사건으로 남은 큰딸의 죽음-큰딸을 위한 팔도 유생들의 상소-정려 받은 박효랑'이라고 할 수 있습니다.

사건 자체가 상당히 복잡하지요? 실제로 이 사건은 꽤 오랜 기간이 지나도록 진실이 규명되지 못한 채 논란만 지속되기도 했습니다. '팔도 유생들의 상소'라는 대목에서 알 수 있듯 효랑 가문을 지지하고 옹호하던 사람들이 급기야 일군의 세력을 이루게 되면서 이 사건은 가문 간의 대립을 넘어 범사회적 문제로까지 확산되었음을 짐작할 수 있습니다. 그러나 종국에는 국왕이 효랑을 정려했다는 사실이 국가적 차원의 기록으로 남아 있는데요, 왕조가 바뀌는 과정을 거치며 오랜 논란이 이어졌음에도 효랑은 어떻게 정려를 받을 수 있었을까요?

영조英祖 대의 기록을 살펴보면 영조는 효랑의 여동생이 길에서 머리를 풀고 울부짖으며 호소하는 것을 자신도 직접 보았다면서 풍속 진작을 위해 그 용맹함을 정려하라고 명합니다. 그러자 효랑 아버지의 송사를 직접 담당했던 판관 이의현李宜顯이 나서서 자신이 그 사건에 관여된 정황을 밝히며 효랑의 정려에는 찬성하지만 상대 가문의 옥사에 대해서는 재조사가 필요하다는 의견을 냅니다. 하지만 영조는 더 이상의 사건 조사보다 효랑의 원혼冤魂을 달래는 일이 시급함을 강조하면서 이 사건을 둘러싼 일련의 논란에 종지부를 찍습니다.

중세의 통치이념을 가늠케 하는 국왕의 발언을 통해 알 수 있듯이 박효랑 사건은 사실 관계를 명백하게 따지기보다 어리고 연약한 딸들의 열렬한 효심을 기리기 위한 해원解冤의 방향으로 일단락되었습니다. 사건 자체에 내재된 폭력성과 복잡성보다는 자식이 부모를 위해 실천했던 효라는 이념을 우선적으로 고려한 조치라고 하겠습니다. 이에 따라 박효랑 사건은 국왕이 효랑을 정려했다는 사실에 힘입어 여러 버전으로 기록된 전傳 작품들을 남겼습니다. 작자들의 생몰년을 고려하여 임상정林象鼎(1681-1755)의 「박효랑전朴孝娘傳」, 남유용南有容(1698-1773)의 「효자박씨전孝子朴氏傳」, 안석경安錫儆(1718-1774)의 「박효랑전朴孝娘傳」 및 「검녀劒女」를 차례대로 보겠습니다.

먼저 임상정 작품의 줄거리를 요약하면 다음과 같습니다.

> 박효랑(문랑)은 어려서부터 남다른 지혜와 효성으로 아버지 박수화를 잘 모셨으며 그 여동생 중랑도 총명했다. 어느 날 박수화의 선산에 박경여라는 자가 조묘를 이장하자 박수화가 소송했으나 관은 박경여의 편을 든다. 이에 박경여는 조묘에 비석을 세우고자 다시 도발하고 이에 분노한 박수화가 박경여 집안의 묘지기에게 매질을 한다. 박경여가 이 사실을 관에 알리자 박수화는 붙잡혀 문초를 받는데, 이때 박수화가 "관찰

사와 박경여 집안이 먼 인척姻戚 관계라 그 집안의 편을 든다"며 의심하자 격분한 관찰사가 곤장형을 내리고, 장형을 당한 박수화는 그대로 옥에 갇혀 죽고 만다.

효랑이 원통하게 죽은 아버지의 복수를 위해 박경여의 조묘를 찾아가 열 손가락에 피가 흐르도록 맨손으로 무덤을 파내고, 직접 도끼로 관을 찍고 부수어 불태웠다. 박경여가 노비 무리를 이끌고 쫓아왔으나 효랑은 기다렸다는 듯 그 속으로 질주하고, 여러 사람이 뒤섞여 혼란한 와중에 결국 효랑은 누군가의 칼에 목이 찔려 그 자리에서 죽는다.

다음날 검시檢屍해보니 원통한 시체는 썩지 않는다는 말처럼 하루 밤낮이 지났어도 효랑의 얼굴색과 모습은 살아있는 듯했다. 이에 작은딸 증랑이 아버지와 언니의 죽음을 알리기 위해 상경하여 호소한다. 조정에서 관리를 파견해 재조사를 하지만 사건의 내막은 끝내 자세히 밝혀지지 않는다.

이 작품은 산송으로 빚어진 가문 간의 혈투에 기반하기 때문에 이를테면, '도끼, 칼, 칼 묶은 장대, 하루가 지나도 썩지 않는 시체'와 같은 자극적 소재들이 곳곳에 배치되어 있습니다. 그런데 이러한 자극성은 일부 선정적이고 폭력적인 장면을 구현하기도 하지만, 한편으로는 매우 애통하고 처절한 비극적 정서를 극대화하는 요소로 작동하기도 합니다. 특히 어려서부터 현숙하던 성품의 효랑이 아버지의 죽음 이후 급격하게 변모되면서 작품의 비극성은 절정으로 치닫습니다.

그런데 이와 같이 격렬하고 절박한 복수의 과정에서 임상정은 과연 어린 효랑을 그처럼 몰아붙인 불합리한 상황이 무엇이었는지 주목하려 했던 것으로 보입니다. 즉, 차분하게 사리분별을 할 줄 알던 이성적 인물이 무모해 보일 정도로 극단적인 선택을 할 수밖에 없도록 내몰린 그 배경을 놓치지 않았던 것이지요. 따라서 임상정이 의식하고 있는 그런 전제 위에서 박효랑이 보여준 일련의 행위들을 바라보면 모두 '효행'으로서 얼마간의 설득력을 가질 수 있게 됩니다.

임상정이 보여주려 한 효랑은 이성을 잃고 충동적으로 극악무도한 짓을 자행하는 사람이 아니라 상황에 의해 어쩔 수 없이 막다른 선택을 할 수밖에 없었던 처절하고 애통한 인물이었던 것이지요. 그렇기에 복수 과정에서 등장하는 장면들 이를테면, 열 손가락에 피가 흐르도록 맨손으로 원수의 조묘를 파헤치는 장면 등은 복수를 위해 나선 효랑의 심경이 얼마나 열렬했는가를 보여주는 장치로 읽을 수 있겠습니다. 따라서 이 작품은 소재나 제재, 주요 장면묘사 등 일부 극단적이고 파격적인 요소를 포함하고 있는 것은 사실이지만 궁극적으로 작품의 주제의식은 열렬한 효를 향해 있습니다. 박효랑 사건을 다룬 초기 단계의 입전작으로 아버지의 산송과 큰딸의 복수를 가장 생생하게 강조해 두면서, 휘몰아치는 파격 속에서도 결국 효라는 이념을 근간에 두고 있다고 하겠습니다.

남유용의 「효자박씨전」은 박효랑 사건을 다룬 중간 단계의 작품인데요, '작은딸'의 캐릭터를 이전보다 부각하고 임상정의 작품에서는 등장조차 하지 않던 '막내아들'을 새롭게 제시하면서 앞선 작품과의 차별화를 시도하려 했습니다. 두 인물이 등장하는 대목을 중심으로 그 줄거리를 소개하겠습니다.

> ...박수하[1]가 억울하게 매질을 당해 죽었을 때 외아들은 아직 어렸고 딸이 둘 있었는데 그 장녀인 문랑이 아버지의 복수에 나섰지만 또한 처참하게 죽는다. 성주 목사가 이를 조사했으나 상대 가문(박경여)의 편을 들어 마무리한다. 이에 둘째딸 중랑이 상경하여 등문고를 치는데 머리털을 풀어헤쳐 얼굴을 뒤덮고 비장한 말씨로 부형의 원통함을 호소했다. 중앙관청에서 내려와 재조사를 했으나 시간이 흘러도 일은 해결되지 않는다. 마침내 10여 세가 된 막내아들이 성주 목사가 지나는 길목에 잠복하면서 차고 있던 칼을 날카롭게 갈아두었다가

1 작품별로 인명, 지명 등에서 약간의 차이가 발견되나 이는 동일 인물, 동일 사건을 다루는 여러 전 작품의 보편적인 현상입니다. 따라서 이 작품의 '박수하'는 앞 작품의 '박수화'와 동일 인물임을 밝혀둡니다.

그에게 던졌으나 신발에 스친다. 일격을 당한 이가 아이를 잡아 물으니 '당신이 불공평하여 아버지의 원통함을 해명하지 못하게 했으니 내 아버지를 죽인 것과 같다'고 답한다. 그러자 그는 '네 원수는 전임자이며 나는 네 원수가 아니다'며 아이의 머리를 쓰다듬고는 탄식하며 갔다.

큰딸이 아버지를 위해 복수를 감행하다 희생되고, 작은딸도 부형의 복수를 위해 노력하지만 성취하지 못하자, 끝내는 어린 막내아들까지 복수를 이어가는 과정이 순차적으로 전개되고 있습니다. 또한 이것은 애초부터 이 사건이 제대로 처결되지 않았고 몇 차례 재조사가 있었지만 끝내 바른 처결에 이르지 못했다는 불합리한 정황 속에서 제시됩니다. 남유용은 이와 같이 큰딸-작은딸-막내아들의 '연쇄 복수'라는 핵심 서사를 구축하여 독자의 몰입을 유도했다고 할 수 있습니다.

특히 작은딸과 막내아들이 등장하는 대목을 중점적으로 살펴보면 소재나 상황 묘사, 인물 관계 등의 면면에서 자객 열전의 전통적 문법을 차용한 흔적이 발견되기도 합니다. 예컨대, 『사기』의 자객 열전에는 복수에 나서는 인물이 몸에 옻칠을 하고 숯가루를 삼켜 목소리까지 변조하여 아무도 자신을 알아볼 수 없게 하는 식으로 비장한 결의를 표현하는 경우가 있는데요, 작은딸이 머리털로 얼굴을 덮어 가린 채 원통함을 호소하는 장면과 사실상 같은 맥락이라고 하겠습니다. 막내아들도 현장에서 잠복하다가 상대에게 비수를 던지지만 빗나가는 상황이나 그 어설픈 일격으로 붙잡혀 상대와 짧은 문답을 나누는 설정은 자객 열전에서 이미 익숙한 장면입니다. '자객의 잠복-자객의 발각-원수의 질책-자객의 대답-원수의 탄식'으로 이어지는 대화의 양상이 막내아들 장면에서 그대로 재현되고 있는 셈이지요. 이렇게 보면 아버지의 원수를 갚기 위해 복수에 나선 남매라는 설정도 그 유명한 섭정과 섭영 남매의 고사를 참고한 것이 아닐까 하는 생각도 듭니다.

남유용은 이렇듯 효행이라는 대전제 위에서 복수의 양상을 연쇄적으로 펼쳐내며 중요한 대목에 이를 때마다 자객 열전의 무협武俠적 요소를 조금씩 가미해 보여줍니다. 작품의 성격을 무협으로 규정하기에는 충분치 않지만 적어도 그가 창작과정에서 무협물로부터 적잖은 영향을 받았으리라는 추정은 가능하지요. 그렇기에 임상정의 시선에서 '열렬한 효녀'에 방점이 있던 이야기는 남유용의 손을 거치며 '의협심 있는 삼남매'의 이야기로 미묘하게 변주되었다고 하겠으며, 이는 효협孝俠이라는 말로 명명해볼 수 있겠습니다.

이어서 살펴볼 안석경의 「박효랑전」은 박효랑을 다룬 입전작 가운데 중후반 단계에 놓일 수 있는 작품으로 이 작품의 제목에서 지칭하는 박효랑의 정체는 큰딸보다는 작은딸을 더 유념한 것으로 보아도 무방하겠습니다. 다시 말해 안석경은 큰딸로만 인식되던 박효랑이란 존재를 효성스러운 두 자매로 확장했다고 할 수 있다. 그리고 이러한 자매 서사는 점차 더욱더 확장되어 마치 여성 전체가 연대하는 듯한 모습으로까지 구현되면서 작은딸의 여종 '설례'라는 허구적 인물까지 만들어내기에 이릅니다. 해당 대목을 중심으로 내용을 요약하면 다음과 같습니다.

> ...아버지와 언니가 죽은 뒤 둘째딸 계랑이 상경하여 격쟁擊錚(원통한 이가 임금이 행차할 때 꽹과리를 쳐 호소함)을 한다. 격쟁의 전례에 따라 계랑이 옥에 갇혔으나 관리자도 그 집안의 사정을 익히 알고 있어 그를 도와 보호하고, 석방된 이후에는 대가의 여종이 찾아와 음식과 물을 바쳤으나 계랑은 울며 사양한다. 다시 격쟁해도 신원伸冤되지 않자 대신의 왕래 때에는 수레에 매달려 읍소하자 이를 본 사람들은 눈물을 흘리지 않는 이가 없었다. 이후 서울에 계속 머무르며 할머니께 편지하기를 '더 머물다가 고향으로 내려갈 것이니 언니의 장례를 서두르지 말 것이며, 일이 지체되면 언니를 따라 죽어 아버지 곁에 나란히 묻히겠다'고 했다. 오랜 뒤 관찰사가 내려와 사안을 살피는데, 큰딸이 스스로 목을 베었다고 기재되

어 있자 계랑의 여종 설례가 나서서 '전년의 검시를 아전들이 간사하게 고쳤을 것이며, 원통한 시체는 썩지 않으니 관을 열어 명백히 검시해달라'고 울며 호소한다. 이에 관찰사와 수령이 관을 열어보니 옷과 치마는 썩었으나 몸과 용모는 변하지 않고 다섯 군데의 흔적(칼로 찔린 자국 둘, 막대로 맞은 자국 셋)이 분명했다. 관찰사가 옥안을 바로잡아 상소를 올렸으나 그럼에도 박경여가 처벌되지 않자 전국 유생 7000여 명이 상소를 올려 박씨의 정려와 경여의 치죄를 청한다. 마침내 효랑은 정려되었으나 경여는 끝내 처벌받지 않는다. 몇 년 후 막내아들이 신임 태수를 원수로 오인하여 그가 지나는 길에 잠복해 있다가 칼을 던져 도발하지만 미수에 그친다. 작은딸은 시집가지 않은 채 일찍 죽었다고 한다...(후략)

이야기의 뼈대는 유지되는 가운데 인물과 상황이 조금씩 달라지고 있는 점 느껴지시나요? 무엇보다 설례라는 인물을 주의 깊게 살펴야 하는데요, 과연 이 여종의 등장은 어떤 의미일까요? 효랑 집안이 간절하게 바랐던 재조사가 진행된 것은 작은딸의 끊임없는 노력이 만들어낸 결과입니다. 그렇기에 작은딸의 여종인 설례의 등장은 이러한 맥락에서 읽어야 하리라 보는데요, 설례는 관찰사 앞에서도 당차게 옥안의 의혹을 지적하는가 하면 절절하게 읍소하기도 합니다. 비천한 여종의 신분임에도 이처럼 용기 있는 언행을 하며 주인집의 문제 해결을 위해 주도적인 역할을 하는 설레는 당시의 신분제를 감안할 때 매우 이례적인 모습이지요. 하지만 설레가 이처럼 관에 재검시를 요구하거나 처절하게 호소하는 모습은 앞서 등장했던 작은딸의 강단 있고 열렬한 성격이 그대로 투영된 것처럼 보이기도 합니다. 여종 신분의 설레가 주체적인 언행을 할 수 있었던 것은 그 주인으로부터 직간접적으로 막대한 영향을 받았기 때문이라 볼 수 있는 것이지요. 작은딸의 남다른 기개가 그 몸종마저 절로 감화시킨 결과랄까요?

효를 실현하기 위해 연쇄적으로 등장했던 박씨 가문의 삼남매를 넘어 이렇듯 새로운 관계성의 인물이 추가되면서 이 작품은 임상정과 남유용의 작품에 비해 더욱 소설스럽게 변모해 갑니다. 검시檢屍 장면에서는 특히 송사訟事 소설의 갈래적 준거를 의식한 듯한 모방 표현들 예컨대, 목을 벤 흔적, 칼로 찌른 자국, 막대로 맞은 자국, 피가 난 상처와 같이 구체적인 상흔의 종류와 수까지 세세하게 제시한 점도 눈길을 끕니다. 송사 소설은 주로 살인 사건과 같은 강력 범죄를 다루는 경우가 많아 시체를 점검하여 특이사항을 세밀하게 기록하는 장면이 관습적으로 등장하기 때문이죠.

작품의 말미에 덧붙은 후일담도 예사롭지 않습니다. 안석경은 작은딸이 시집가지 않았으며 일찍 죽었다는 정보로 이야기를 마무리하는 듯했지만 이어서 곧바로 이런 단락을 덧붙이기도 했습니다. 어느 이름난 두 협객이 반란을 일으키자 그 아내들이 이를 질책하고 스스로 목매어 죽었다고 하는데, 그 여인 중 하나가 박효랑일지 모른다는 것이에요. 작은딸은 시집가지 않았다고 했던 결말을 스스로 흐리는 발언인데 여기에는 또 어떤 의도가 숨어 있을까요? 만약 작은딸이 시집을 갔다면 아마도 이런 아내이지 않았을까 하는 가정을 전제로 쓴 후일담이 아닐까 합니다. 작은딸이 시집을 갔다면 자신과 비슷한 성향의 협객을 스스로 택했을 것이나 그런 남편이 반역을 꾀한다는 사실을 알았을 때는 곧장 냉엄한 훈계를 남기고 미련 없이 자결했으리라는 상상인 셈이지요. 연속된 불행과 좌절 속에서도 결코 굴하지 않고 끈질기게 호소하던 작은딸의 성격이 후일담까지 그대로 연장되도록 한 의도적 배치이면서, 이 작품이 향후 본격적인 '여협 소설'로 도약할 가능성을 엿보인 대목입니다.

안석경의 또 다른 작품 「검녀」는 박효랑 사건이 서사화된 최종 단계의 작품이라 할 수 있습니다. 애초의 사건은 원천 소스로만 활용되고 완전히 새로운 서사로 재창작되었습니다. 즉, 효녀 박효랑은 사라지고 완전한 협녀가 창조되어 새로운 주인공으로 자리매김을 한 이 작품은 사실상 무협 소설이라 보아도 지나치지 않습니다. 이것은 곧 실사는 지워지고 흥미를 위한 서사만 남은 박효랑이라고 보아도 좋을 것이며 조선식 스토리텔링의 방식과 기법을 확인할 수 있는 하나의 표본이기도 합니다. 앞서 살펴본 임상정의 「박효랑전」, 남유용의 「효자박씨전」, 안석경의 「박효랑전」이 실존 인물을 중심으로 입전立傳한 교술 장르에 가깝다면, 「검녀」는 본격적으로 소설을 지향한 서사 장르인 셈인 것입니다. 다시 말해, 박효랑을 입전한 일련의 작품들은 시대적 변모 과정을 거치면서 최종적으로 「검녀」라는 본격 소설 장르에 안착하게 되었다고 할 수 있습니다.

「검녀」의 내용을 살핀 다음 앞의 세 작품과 「검녀」의 종합적 고찰을 이어가는 순으로 논의를 마무리하도록 하겠습니다.

> 한 여자가 소응천의 명성을 듣고 찾아와 스스로 청하여 그의 아내가 된다. 몇 년을 산 후 어느 날 술과 안주를 갖추어 응천에게 자신의 평생을 이야기한다. 여인은 본래 아무개의 노비인데 9세 때 주인집이 망하여 아씨와 함께 도망쳐 살았다. 10세가 넘어서부터 남장하고 떠돌며 검승을 찾아 몇 년 동안 수양한 끝에 주인의 원수를 찾아가 복수했다. 그 후 아씨는 '더러운 몸으로 시집갈 수 없으니 나는 죽을 것이다. 검을 팔아 나를 장사지내고 너는 유랑하며 기사奇士를 찾아 시집가거라'고 한 뒤 칼에 엎드려 죽었다.
>
> 여인은 아씨의 유언대로 장사지낸 후 떠돌다 응천을 찾아

아내가 되었으나 응천이 기사가 아님을 깨닫고 다시 유랑할 뜻을 밝히며 떠나기 전 작별의 예로 평생의 기예를 응천에게 보인다. 응천이 술의 힘으로 버티도록 수십 잔을 권하고 여인도 한 말의 술을 마신 뒤 남장하고 칼춤을 춘다. 이를 본 응천이 거꾸러지자 여인은 따뜻한 술로 그를 소생시킨다. 다음 날 여인은 남장을 하고 떠났으니 간 곳은 알 수 없다.

집안(부모)의 원수를 찾아가 자식이 칼을 써서 복수를 감행하는 과정이나, 복수에 나선 자식이 아들이 아닌 딸이라는 점 등은 박효랑 사건을 다룬 입전작들과 기본 설정이 흡사합니다. 또 아씨가 자결하기 직전에 여종에게 토로하고 당부하는 말도 중요한데요, 어릴 때부터 남장을 하고 떠돌았기 때문에 비록 오욕을 입은 몸은 아닐지라도 처녀의 도를 온전히 할 수 없다는 판단, 이에 자신은 시집을 갈 수 없으니 스스로 죽음을 택하기로 결정했다는 대목으로 볼 때 아씨는 분명한 사리분별력을 가진 인물입니다. 아씨로 지칭된 여성의 이러한 모습은 안석경의 전작인 「박효랑전」에서 강렬한 인상을 남겼던 작은딸의 모습과 어딘지 겹쳐 보입니다. 홀로 서울에 올라가 격쟁하며 부형의 원통함을 풀기 위해 분투하던 중 해결의 실마리가 보이지 않자 일이 마무리될 때까지 고향으로 돌아가지 않을 것이며, 끝내 성사되지 못할 경우 자결하고 말겠다는 결심을 담은 편지의 내용을 복기해 보면 더욱 그렇습니다.

한 가지 더 주목할 점은 아씨의 여종에게 부여된 역할과 그 여종이 실제로 수행한 일들입니다. 유가적 관점에서 아들이 해야 마땅한 일이라면 일평생 부모에게 효를 다하는 것입니다. 즉, 부모가 위해危害를 입어 억울하게 죽었다면 그 부모의 원통함을 풀고자 앞장서 원수를 갚고 부모의 제사를 주관하는 등의 일이 바로 아들의 몫입니다. 여기서는 그러한 아들의 임무를 딸이 주도적으로 행합니다. 다만 부모의 원수를 갚은 직후 딸이 자결했기 때문에 제사를 이어가는 것은 숙제로 남았습니다. 하지만 놀랍게도 이 작품의 원문을 보면 '보검을 팔아 아씨를 장사지내고 남은 돈으로 밭을 사서 제사를 이어갈 수 있게 하였습니다'는 대목이 있습니다. 유교 사회에서 가장 중대한 과업 중 하나인 부모의 제사를 아들도 딸도 아닌 여종이 수행한 것이지요. 이 여종은 이미 유가의 양반가에서 해야 할 일들을 다 알고 있는 인물이었기 때문에 '나의 두 보검을 팔라'는 주인의 말에서 자신이 처리해야 할 소임이 무엇인지 모두 읽어냅니다. 즉, 표면상 아씨는 '나를 장사지낸 후 너는 기사를 찾아 시집가라'는 당부만 남겼지만, 여종은 죽은 아씨의 뜻을 충분히 헤아려 '봉제사奉祭祀'에 대한 암시도 영민하게 포착했던 것이죠.

여기서 또 한 가지 주목할 점은 이 여종이 보여준 의리입니다. 전술했듯이 주인 아씨의 유품인 보검을 판 값은 '수백금'에

달합니다. 주인집이 멸문한 이후에도 줄곧 신분제의 굴레 속에서 살아왔던 여종에게 어린 주인의 죽음과 유산은 곧 신분 해방의 기회이기도 했을 것입니다. 그러나 현실적으로 그런 유혹이 있음에도 여종은 끝까지 그를 배신하지 않고 생전에 주인이 남긴 당부 그 이상의 소임을 실천합니다. 주종 관계에서 창출될 수 있는 가장 진중한 가치인 신의信義란 무엇인지 바로 이 여종을 통해 확인할 수 있으며, 이러한 신의야말로 곧 협俠의 본질이기도 할 것입니다.

그렇다면 당시 사회에서 한낱 비천한 몸종에 지나지 않던 이 여성이 보여준 주체성과 신의의 서사적 의미는 무엇일까요. 그 대답은 아마도 이 여성이 자신의 과거사를 풀어놓으며 했던 말에 암시되어 있는 것으로 보입니다. '제 몸은 아무개의 노비인데 마침 주인집 아씨와 같은 해에 태어났기 때문에 주인집이 특별히 저를 낭자에게 주어 몸종으로 삼고 장차 시집갈 때가 되자 교전비로 삼았습니다'인데요, 주인집 아씨와 같은 해에 태어났고, 미래의 교전비轎前婢(시집갈 때에 신부가 데리고 가는 여종)로 삼았다는 것으로 볼 때 아씨와 여종은 분명 남다른 관계입니다. 두 사람은 태어날 때부터 이미 운명적으로 깊이 얽힌 관계로 설정된 것이지요. 그러므로 이들은 주체적 여성으로서 일종의 소울 메이트처럼 보이도록 유도되고 있으며 그렇기에 「검녀」의 두 여성은 안석경의 전작 「박효랑전」에 등장했던 작은딸과 그의 결기를 그대로 닮아있던 여종 설례의 재림인 셈입니다. 여종의 신분으로도 직접 관청에 찾아가 당당히 항거하며 호소하던 설례는 「검녀」라는 새로운 작품 속에서 곧 여협 서사의 주인공으로 도약하고 있는 것입니다.

설례[2]가 자신과 밀착된 주인 아씨(작은딸)를 위해 구체적으로 어떤 역할을 했는지 나타나고 그 과정에서 여협 서사는 점차 가속화됩니다. 특히 설례가 남편과의 결혼 생활을 스스로 종결하기로 선언하는 대목은 더욱 흥미진진합니다. 해당 내용을 요약하면 남편이 명성이 있어 기사奇士라고 기대하고 함께 살았으나 겪어보니 명성은 헛될 뿐이었다는 것, 그러니 이제부터 당신은 주제와 분수를 알고 촌로의 삶에 만족하며 살라는 경고입니다. 이를 통해 알 수 있듯 설례는 이제 남성을 압도하는 협녀로서의 면모를 거침없이 드러내 보입니다. 이처럼 부부 관계에서 아내가 남편을 압도하는 장면은 중국 당나라 시대의 전기傳奇소설에서 전형적으로 그려지는 요소 중 하나입니다. 설례가 남편에게 한 말, '깊은 산에서 겸손하고 조용하게 살면 재앙을 면할 것이다'를 떠올리면 설례는 당 전기의 협녀보다도 더욱더 강렬한 직언을 한 셈이네요. 그러니 설례는 스스로 남편

---

2 「검녀」의 여종은 곧 안석경의 전작 「박효랑전」에 등장했던 설례의 후신(後身)임을 논증했으므로 여기서부터는 논의의 흐름상 「검녀」의 여종을 '설례'라 부르기로 하겠습니다.

을 선택하여 결혼 생활을 시작하고 스스로 종지부를 찍는 여협 서사의 전통적 문법을 그대로 따를 뿐 아니라 어떤 면에서는 전기류의 협녀보다도 더욱 냉엄한 카리스마를 지닌 여성 캐릭터로 진화했다고 하겠습니다.

마지막으로 설레가 화려한 검술을 선보이는 대목을 보겠습니다. 남장을 한 여인의 모습, 섬광처럼 빠르게 비상하여 공중에서 펼치는 칼춤 묘사, 충격으로 혼절한 사람을 한 모금의 술(또는 물)로 소생시키는 장면은 설레라는 인물이 굉장한 경지에 이른 무술 실력을 가졌다는 것을 보여줍니다. 이 대목은 무협 서사로서 흥미로운 대목이면서 또한 의미심장한 단락인데요, 설레의 무공은 곧 이 여성의 주체적인 의식 수준과 일치함을 표상하는 메타포로 읽을 수 있기 때문입니다. 즉, 설레는 무술로서도 고수이면서 곧 그의 정신세계 역시 일정한 경지에 다다른 고수라고 할 수 있습니다. 따라서 이 장면은 출중한 검술로써 검녀 설레가 가진 주체성의 수준을 보여준다고 하겠습니다. 또한 자신의 능력과 재주를 한바탕 보이고 난 이후에는 홀연히 떠나 종적을 감추는 결말로 이어지는데 이는 모든 면면에서 전통적인 여협 서사의 장르적 규범을 좇은 것입니다.

이상의 논의를 종합하면, 「검녀」는 우선 무협 소설로서의 정체성이 충분히 투영된 작품이면서도 동시에 앞서 살펴본 세 작품 즉, 임상정의 「박효랑전」, 남유용의 「효자박씨전」, 안석경의 「박효랑전」에 공통적으로 나타난 박효랑 서사의 흔적이 함께 남아 있는 작품이라고 할 수 있습니다. 그렇기에 효녀 박효랑이 협녀로 완결되는 서사적 변모 과정은 바로 이 작품에 응축되어 있다고 하겠습니다. 특히, 「박효랑전」의 후일담과 「검녀」의 깊은 상관성을 염두에 두고 보면 안석경은 「박효랑전」에 이어서 일종의 외전外傳 형식으로 「검녀」라는 완성형 무협 소설의 창작을 시도한 것이 아닐까 합니다.

결국 세 작품은 실제 사건이 허구적으로 서사화되는 과정에서 겪게 되는 변이 양상을 점층적으로 보여준다고 할 수 있습니다. 임상정과 남유용, 안석경은 각자 자신만의 방식으로 박효랑 사건을 서사화하였지만 세 작자 모두 복수에 기반한 서사의 비극성을 부각시키려 했기에 때로는 잔인한 장면들이 노골적으로 묘사되기도 하고, 때로는 비장하고 엄숙한 정서와 분위기가 조성되는 등 공통분모를 발견할 수 있었습니다. 그러나 인물 설정, 삽화의 재구성, 사건 전개의 축약과 확장 등을 통해 세 작품의 지향점에는 미묘한 차이가 드러나고 있는데요, 임상정의 경우 파격적인 외피가 일면 시선을 끌지만 결국 효라는 이념적 주제의식에 방점을 두었고, 남유용은 그에 비해서 보다 더 서사적 흥미를 지향하려는 적극성을 보여주어 교훈과 재미 중 후자를 위해 더욱더 많은 고민을 했으리라 짐작할 수 있었습니다. 이들의 다음 단계로 등장한 안석경의 「박효랑전」은 효 혹은 효녀에 대한 진중한 관심보다는 흡인력 있는 이야기로서의 작품이 갖추어야 할 서사성 즉, 매력적인 스토리텔링 그 자체에 완전히 몰입하고자 한 것으로 파악됩니다. 즉, 안석경은 임상정, 남유용과 비교할 때 본격적인 무협 서사의 구현을 위해 좀 더 순수한 작가정신을 동원하여 골몰했으리라 봅니다.

「검녀」를 독해하는 과정에서는 박효랑 서사의 흔적들을 부분적으로 발견할 수 있었습니다. 그러나 「검녀」의 주인공인 여종을 안석경의 전작 「박효랑전」에 등장했던 둘째딸의 몸종 설레라는 전제로 볼 때, 초반부 작품에서 박효랑으로 인식되던 큰딸과 「검녀」의 여종은 괴리가 커 보이기도 하지요. 얼핏 보면 「검녀」 속에서는 마치 박효랑이 실종된 것처럼 보이는 면이 있으니까요. 따라서 이제부터는 각 작품 안에서 박효랑이 어떤 모습으로 변모해 왔는지 그 행방을 종합적으로 추적해 보고자 합니다.

먼저, 각 작품별로 작자가 의도한 입전자가 누구였는지, 즉 서사의 주체가 누구로 설정되고 있었는지 되짚어 봅니다. 임상정의 「박효랑전」에서는 큰딸이 단독 입전자였다는 점을 비교적 명백하게 확인할 수 있습니다. 그런데 남유용의 「효자박씨전」에 이르면 표제에 사용된 '효자'라는 표현에서 짐작할 수 있듯이 큰딸, 작은딸, 막내아들을 모두 아우른 삼남매가 공동 입전자였습니다. 그러다가 안석경의 「박효랑전」에서는 이전 작품인 「효자박씨전」과 같이 삼남매가 동일하게 등장하면서도 서사의 무게중심은 큰딸과 작은딸, 그 중에서도 특히 작은딸에게 좀 더 기울어 있었습니다. 안석경의 후속작 「검녀」에서는 전작에서 작은딸의 몸종으로 등장했던 설례라는 인물이 단독 주인공으로 설정되어 있습니다. 「검녀」에서는 마치 박효랑이 실종된 것처럼 보이지만 작품별로 작자가 강조한 서사적 주체가 누구인지 되짚어 보면 왜 효랑이 실종된 것처럼 보이는지, 왜 여종이 협녀가 되었는지 확인할 수 있습니다.

이렇듯 박효랑 서사는 서로 연결되어 있으면서 작품마다 무게중심이 지속적으로 옮겨갑니다. 후대로 가면서 작자마다 점차 초점화하는 인물을 변주하기도 하고, 때로는 전에 없던 새로운 인물이 추가되면서 이야기의 축이 이동하는 것입니다. 그러나 자세히 들여다보면 이들은 결국 한 사람의 '몸 바꾸기'와 다름이 없습니다. 예컨대, 웅녀와 유화, 용녀 같은 인물들은 각각 다른 작품에서 서로 다른 서사의 주체로 등장하지만 결국 물성[水性]을 공유한 1인으로 인식될 수 있듯이 박효랑 서사의 입전자들도 궁극적으로는 바로 "박씨 가문 장녀의 분신"이라 볼 수 있는 것입니다. 애초에 큰딸이 부친의 원통함을 풀기 위해서 복수에 나섰지만 결국 뜻을 이루지 못하고 비참하게 죽고 말았기 때문에, 거기에서 비롯된 동생들의 연쇄적 복수를 순차적으로 상기하면 모든 인물들은 결국 큰딸의 변이형으로 치환되기 때문입니다. 다시 말해, 큰딸은 죽었지만 사실상 죽은 언니의 삶은 작은딸이 연장해서 살았다고 할 수 있고, 격쟁에 나선 작은딸의 행방까지 묘연해진 이후에는 급기야 어린 막내아들이 두 누이의 숙명을 곧 자신의 일로 받아들였던 것이지요.

그러나 그렇다 하더라도 박씨 가문의 혈육인 자식들 즉, 삼남매 안에서 이루어진 변전은 위와 같은 논리로 이해할 수 있지만 마지막 작품 「검녀」에서 여종만이 단독 주인공으로 남은 상황은 어떻게 보아도 다소 급진적인 변화입니다. 특히나 일련의 작품들은 기본적으로 효라는 중세적 이념을 중요하게 다루었기 때문에 주요 인물이 자식에서 몸종으로 바뀐 점은 주제면에서도 결정적인 영향을 미칠 수밖에 없습니다. 종이 주인을 위해 한 행위를 효행의 범주로 이해하기는 무리가 따르기 때문이죠. 그렇다면 효라는 주제의식이 흔들릴 수 있는 위험을 안고서도 서사의 주체가 종의 신분으로 급변해야 했던 이유는 무엇일까요?

이 의문을 해소하기 위해서는 안석경의 두 작품 「박효랑전」과 「검녀」를 연계해서 접근해야 하리라 봅니다. 먼저 안석경의 「박효랑전」은 전술한 바와 같이 '두 효랑'이라는 표현이 직접 등장하면서 큰딸과 작은딸을 공동의 입전자로 상정하고 있었습니다. 다만, 서술의 분량이나 인물의 성격 구현 등을 종합해

볼 때 두 딸 가운데에서도 큰딸보다는 작은딸이 좀 더 큰 비중을 차지하는 것처럼 보이도록 조치했다고 볼 수 있는데요, 특히 작품 후반부를 상기해 보면 격쟁을 위해 상경한 이후 고향으로 돌아오지 않았던 작은딸의 행방을 후일담의 형식으로 몇 가지 설을 덧붙여 놓았지요. 정희량과 나두동이라는 반역자들을 거론하면서 이들의 아내가 남편의 불의함을 지적하고 스스로 목숨을 끊었는데 그들 두 아내 중 하나가 바로 박효랑(작은딸)이라는 이야기 말입니다.

이것은 마치 안석경이 항간에 떠도는 풍문을 가볍게 옮기는 듯 보이지만 실제로는 작자로서의 부담이 이런 식으로 표현된 것이 아닌가 합니다. 즉, 박효랑 가문처럼 기구한 사연을 가진 집안의 딸은 시집가기 어려울 것이고, 시집을 가더라도 정상적인 삶을 살 수 없었으리라는 것이 당시 대다수 남성의 현실인식이었으며 작자 안석경의 생각도 다르지 않았을 것입니다. 그러니 복수를 완수하지 못한 작은딸의 서사를 자유롭게 마무리하고 싶은 창작욕이 남았다 하더라도 그것을 적어도 「박효랑전」이란 작품 안에서는 마음껏 펼칠 수 없었던 것이 아닐까요.

이에 안석경은 후속 작품에서 다소 파격적인 설정으로 새로운 이야기를 이어가기로 결심했던 것으로 보입니다. 당시 사회 통념을 고려할 때 여러 방면에서 제약이 컸던 양반가 여성인 작은딸을 죽이고, 그의 여종만 남겨둔 점이 그렇습니다. 양반가 여성이 죽고 종만 남게 되면서 사회적 시선과 부담으로부터 한결 자유로워진 설정 속에서는 그야말로 협녀의 형상을 온전하게 그려보는 것이 가능해졌기 때문입니다. 즉, 당시 사회에서 양반가의 여성이 「검녀」의 여종처럼 사는 것은 아무리 허구의 세계인 소설 속 이야기라 하더라도 많은 부담을 떠안을 수밖에 없는 문제적 사안이기 때문에 안석경은 과감하게 효랑을 죽이고 여종만 자유롭게 그리는 편을 택한 것이죠. 그리고 이 과정을 통해 그동안 삼남매의 영역 안에서 몸 바꾸기를 해오던 효랑은 점차 주체적인 의식을 갖춰가게 되었고 그 결과 소설의 주인공으로서의 면모를 완성해 갈 수 있었던 것이라 봅니다.

또한 이와 같은 인물 설정의 변주는 결국 다음과 같이 '효-효협-협'이라는 주제적 변이로 이어집니다. 임상정의 작품에서 열렬한 효녀였던 큰딸을 통해 열효烈孝를 강조했다면, 남유용의 작품에서는 효성스러우며 동시에 의협심까지 있는 삼남매를 그리면서 효협孝俠이라는 조금 색다른 주제의식을 생성합니다. 여기서 이어진 안석경의 「박효랑전」은 주제 차원에서 남유용과 같이 효협을 공유하고 있었지만 남유용이 효孝에 방점을 둔 효협이었다면, 안석경은 협俠으로 무게중심을 옮겨간 효협을 지향했다는 차이가 있습니다. 이 과정을 거쳐 안석경의 작품에서는 본격적으로 효를 탈각한 주체적 여성이 작품을 주도하면서 새로운 협俠 서사를 탄생시키는 데에 이릅니다.

한편, 전술했던 것처럼 이 작품들은 원통하게 죽은 아버지를 위한 자식들의 절절한 효심을 복수의 동력으로 그리고 있으므로 이들의 복수는 곧 효행으로 인식될 수 있었습니다. 그렇기에 복수 서사의 보편적인 특성상 초반부의 작품에도 자극적이고 선정적인 요소들이 드러나 있었지요. 이를테면, 큰딸이 상대 가문의 묘소로 직접 찾아가서 열 손가락에 피가 흐르도록 맨손으로 봉분을 파헤치던 장면이나, 상대 가문의 위세에도 굴하지 않고 맹렬히 분투하다가 처참하게 책살磔殺 당하고 마는 장면이 대표적입니다. 또, 마치 자객처럼 머리를 풀어헤쳐 얼굴을 가린 채 죽을 각오를 하고서 수차례의 격쟁에 나섰던 작은딸, 어린 나이에도 불구하고 태수의 행차 길에 잠복해 있다가 비수를 날려 그의 목숨을 위협했던 막내아들의 모습도 선정적인 장면이라 할 수 있습니다. 그러나 이들은 결과적으로는 효행의 열렬함을 전하는 방편일 뿐이었습니다. 따라서 임상정의 「박효랑전」과 남유용의 「효자박씨전」은 명백한 전 갈래라고 할 수 있습니다. 일부 선정적인 요소들이 발견된다 하더라도 작품 자체의 성격은 실존 인물을 입전한 '인물전'임이 분명한 것이지요.

그러나 안석경의 작품들은 앞의 두 사례와는 다른 차원으로 전개됩니다. 실존 인물에만 한정하지 않고 다양한 인물을 새롭게 추가하는가 하면 전편에서 다루지 않았던 전혀 새로운 이야기를 후일담의 형태로 덧붙이기도 했습니다. 특히 안석경의 「박효랑전」에는 주요 사건이 발생한 날짜, 지역, 관계자들의 성명 등이 구체적으로 밝혀 있고, 검시 장면에서 시체의 상흔이 어느 위치에 어떤 형태로 몇 개씩 남아 있는 지까지 매우 생생하게 묘사하고 있었습니다. 이러한 점으로 볼 때 안석경의 「박효랑전」은 사실상 송사소설의 문법을 적용한 작품이라 할 수 있었어요. 안석경의 「검녀」는 여기에서 좀 더 나아가 협녀로서의 정체성을 가진 새로운 여성 주인공을 단독으로 등장시켜 검술, 검무와 같은 요소들을 화려하게 보여주며 본격 '무협 소설'을 표방하고 있었습니다.

결론적으로 박효랑 관련 입전작 총 4종의 작품들은 임상정과 남유용이 구현한 전반부의 두 작품과 안석경이 쓴 후반부의 두 작품으로 대별해 볼 수 있겠습니다. 이들은 각각 전傳과 소설이라는 유형적 분류가 가능하며, 이것은 곧 조선 후기 산문의 양상이 '교술'에서 '서사'로 점층적 변이를 지향해 간다는 점을 확인할 수 있는 사례입니다. 즉, 이는 18·19세기 여성 효·열 서사가 선택했던 한 가지 노선으로 기존의 가열찬 효 이념의 무게감을 덜어내고 점차 협으로 넘어가는 소설화 경향을 분명하게 보여줍니다. 그러니 박효랑을 기록으로 남겨둔 이들은 그 효행의 열렬함을 칭찬하여 기리고자 했던 것만은 아닐 겁니다. 생각할수록 기기묘묘한 미제사건인 만큼 오히려 '세상에 이런 일이!'의 심정으로 더 애처롭고 더 발칙한 상상의 세계를 겹겹이 덧칠해간 것이 아닐지요.

아무개 며느리가 호랑이를 타고 달렸다지?

아무개 며느리가 호랑이를 타고 달렸다지?

호환虎患, 호식虎食이라는 말에서 알 수 있듯이 호랑이는 과거 한반도에 대거 서식하면서 인간에게 직접적인 위해를 가하는 공포의 대상이었습니다. 민중의 일상과 밀착되어 있으면서 동시에 두려운 존재였던 호랑이는 그래서 옛이야기의 단골손님이기도 한데요, 우리가 알고 있는 옛이야기 속 호랑이는 어떤 모습인가요? 산 중 호걸, 산신山神과 같이 위엄 있는 존재로 인격화되기도 하고 때로는 토끼나 여우, 어린아이처럼 작고 연약한 것들에게 쉽게 골탕을 먹곤 하는 우스꽝스러운 바보처럼 묘사되기도 하지요. 전자는 현실 세계의 호랑이가 가진 이미지 즉, 산림의 왕이자 수호신으로서의 면모가 그대로 반영된 결과이겠습니다. 반면 후자는 현실의 호랑이와 정반대에 가까워 보이는데요, 현실 생태계에서는 온갖 동물과 인간까지도 호령하는 카리스마의 표상과도 같던 호랑이가 어째서 옛이야기 속에서는 어리석은 존재로 굴절되는 것일까요?

예컨대 학교에서 가장 무섭기로 소문난 선생님이나 직장에서 아주 냉혹한 상급자를 맞닥뜨렸을 때 인간이 대처하는 방식은 대개 이렇다고 합니다. 앞에서는 상대에게 완전히 굴종하지만 뒤돌아서면 '에잇, 재수 없는 대머리 자식'하는 식으로 단박에 상대를 희화화한다는 것이에요. 조금 비겁해 보이기는 하나 자신이 감당하기 어려울 만큼 두려운 대상에 맞서는 일종의 심리적 기제라고 이해한다면 약자에게 당하는 호랑이가 등장하는 옛이야기도 일부는 이런 맥락에서 전해진 것으로 볼 수 있겠습니다.

호랑이는 이처럼 상대적 약자인 민중의 삶을 위협하는 흉포한 절대 강자이기 때문에 때로는 위엄과 공포의 대상 그 자체로, 때로는 우스꽝스럽게 왜곡된 채로 이야기 속에서 다채롭게 형상화되어 왔다고 하겠습니다. 또한 여러 가지 옛이야기 유형 중에서도 특히 민중 의식이 가장 선명하게 담겨있는 민담民譚이나 야담野談 같은 설화의 영역에 주로 분포합니다. 옛이야기 속 호랑이란 결국 설화적으로 가공된 판타지인 경우가 많은 것이죠. 그러니 실존 인물의 삶을 중점적으로 다루어야 하는 인물전에서 호랑이가 등장하기란 흔치 않은 일입니다. 그런데 만약 이러한 호랑이 화소話素(이야기를 이루는 독립된 요소=모티프 motif)가 여성 인물전과 결합하면 어떤 일이 벌어질까요? 이번

장에서는 조선 후기의 여성 인물전 중 호랑이가 등장하는 이야기를 살펴보겠습니다.

옛날 어느 산골에 어린 과부가 있었습니다. 시집을 오자마자 남편이 죽었지만 눈먼 시부모가 계셨기에 과부는 시부모를 모시며 홀로 가난한 살림을 힘겹게 꾸려가며 살았습니다. 비교적 경제력이 있던 과부의 친정에서는 그런 딸이 너무 안타까워 여러 번 재가再嫁를 권했습니다. 과부가 결코 응하지 않자 친정에서는 급기야 아버지가 위독하다는 속임수로 과부를 잠시 친정에 불러들입니다. 하지만 아버지의 병환이 거짓임을 깨달은 과부는 몰래 빠져나와 다시 시가로 향합니다.

한밤중에 험한 산길을 헤쳐가던 어린 과부 앞에 갑자기 호랑이 한 마리가 나타납니다. 과부가 자신의 사정을 호랑이에게 말하자 호랑이는 넙죽 엎드려 자기 등을 내어주고, 호랑이 등에 올라탄 과부는 쏜살같이 시가로 돌아올 수 있었어요. 집에 도착해서 호랑이에게 감사의 뜻으로 고깃덩어리를 던져주자 호랑이는 그것을 받아먹고 떠납니다. 그 후 어느 날, 과부의 꿈에 호랑이가 나타나 이상하게 여겼는데 알고 보니 마을에서 호랑이를 잡으려고 파놓은 함정에 그때 그 호랑이가 빠져있었습니다. 온 마을 사람들이 모였지만 막상 날뛰는 호랑이를 보고서는 누구도 어쩌지 못하고 있던 것이죠. 그때 과부가 나서서 호랑이를 진정시킨 뒤 구출하여 멀리 떠나게 합니다. 산골의 과부가 호랑이를 손쉽게 다루는 것을 본 마을 사람들은 모두 놀랐고 그 자리에 따라 나와 상황을 전해 듣던 눈먼 시부모도 그만 너무 놀라 눈을 번쩍 뜨게 되었습니다. 이후 과부는 효성스러운 열녀라 널리 칭송받으며 끝까지 시부모를 잘 모셨답니다.

한마디로 이 이야기는 어린 과부가 친정의 끈질긴 재가 권유를 뿌리치고 호랑이의 도움을 받아 시부모를 효성스럽게 모셔 많은 이들에게 열녀로 기려졌다는 내용입니다. 무엇보다 민담적 상상력의 산물인 '호랑이와 인간의 친밀한 관계 맺기'라는 설정에 기반하고 있는 점이 눈에 띄는데요, 이러한 특징과 전체 줄거리가 이야기 갈래의 경계를 넘어 구비설화, 야담, 전 작품 등에서 매우 흡사하게 전해지고 있어 더욱 놀랍습니다. 닮았다는 말로는 충분하지 않은, 사실상 동일한 이야기라고 봐도 무방할 정도입니다. 부분적 차이가 발견되는 단락이 있기는 하지만 모든 이야기는 결국 젊은 과부를 둘러싼 친정과 시가의 갈등을 다룬 전반부와, 호랑이를 만나 시부모에 대한 효를 완성하는 후반부로 대별되는 구조이기 때문이죠.

그렇다면 전 갈래와 야담 및 잡기류, 구비설화가 각자의 영역에서 이처럼 너무도 분명하게 동일한 흔적을 남긴 이유는 무엇일까요? 이야기가 생산 및 확산되는 과정에서 다양한 갈래들이 서로 교섭하는 것은 때때로 필연적이며 자연스러운 현상이지만 위 작품들의 존재 양상에는 또 다른 차원의 이유가 있을 것으로 짐작됩니다. 특히 전은 사실적 기록에 토대하여 실존 인물에 대해 평가하는 것을 기본 목적으로 하는 만큼 구비설화 속 '아무개'의 '과장된 행적'을 전 작품에서 그대로 차용하고 있는 것은 분명 특별하다고 하겠습니다. 구비설화 중에서도 호랑이가 등장하여 인간과 교감하는 지극히 비현실적인 내용을 보수적·권위적인 한문 산문의 영역에서 사실상 통째로 옮겨왔다고밖에 볼 수 없는 형태로 기록해둔 이유가 무엇인지 추적해볼 필요가 있는 것이지요.

서경창徐慶昌의 「영남효열부전嶺南孝烈婦傳」과 이옥李鈺의 「협효부전峽孝婦傳」[1]이라는 작품을 구비설화와 직접 비교·대조해볼 만한데요, 이들 전 작품과 구비설화의 전반부를 먼저 견주어 보니 설화의 전반부에는 젊은 과부를 둘러싼 친정과 시가의 대립 양상이 심각하게 그려지고 있지는 않았습니다. 설화 속 친정 부모는 젊은 나이에 과부가 되어 홀로 눈먼 시부모를 부양하는 자신의 딸에게 재가를 권하기는 하지만 이는 푸념 정도에

---

1 두 작품의 원문 및 번역은 『한국의 열녀전』, 『이옥 전집』, '한국고전종합DB'를 참조하되, 번역문은 가독성을 고려하여 부분적으로 다듬어 수록했습니다.

그칩니다. 반면 서경창과 이옥의 전 작품에서는 친정에 대한 효와 시가에 대한 효가 훨씬 더 첨예하게 대립하고 있는데요, 이옥의 작품에서 해당 장면을 먼저 살펴보겠습니다.

> 친정 아버지가 말하길, "넌 아직 젊은데 어찌 눈먼 늙은이의 종노릇이나 하고 있느냐? 내게 손님으로 오는 장사치가 있는데 인물도 좋고 돈도 많단다. 널 기다렸다가 함께 데려가려고 하니 너는 시집에 돌아가지 말고 그 사람을 따라가라. 그렇게 하지 않으면 너를 죽여버리겠다."

딸을 속여 재가시키고자 친정으로 돌아오게 만든 상황에서 친정 아버지가 과부에게 하는 말입니다. 어린 나이에 과부가 되어 가난한 집에서 기약 없이 시집살이를 하는 자신의 딸을 애석하게 여기는 친정 부모의 심정을 이해한다 치더라도 '눈먼 늙은이의 종노릇[맹파비盲婆婢]'이라는 표현은 홀로 분투하는 과부의 삶을 직설적으로 폄하한 발언이 아닐 수 없습니다. 게다가 친정 아버지는 여기서 그치지 않고 자신의 뜻을 따라 재가하지 않으면 딸을 죽여버리겠다는 말까지 서슴지 않고 있네요. 일단은 부녀 사이의 대화로서는 표현의 강도가 지나치다는 점이 인상적이지만 사실 더욱 놀라운 점은 따로 있습니다. 중세 사회에서 여성에게 강조되던 정절 윤리에 따르자면 오히려 '(죽은 남편을 배반하고) 새로 시집을 가면 죽인다'는 논리가 마땅하겠지만 이 작품의 친정 부모는 '재가하지 않으면 죽이겠다'는 반중세적 이념을 표방하고 있기 때문이에요. 서경창의 작품에서는 이 대목이 어떻게 구현되어 있는지도 확인하겠습니다.

> …친정 어머니는 딸 때문에 너무 근심하여 밤잠을 이루지 못하고 거의 병이 들 지경이었다. 그러던 어느 날 갑자기 딸에게 사람을 보내서 말했다. "아버지 병이 매우 위독한데 오로지 너를 보지 못한 것이 깊은 한이 된다고 하신다. 오늘을 넘기면 임종을 못할 것 같구나."…(중략)…열부가 친정에 갔더니…아버지는 평소와 다름없었다. 열부는 자신이 속았다는 것을 깨달았으나 이미 날이 저문 뒤였다. 갈까 말까 망설이고 있는데 어머니가 아버지와 함께 자리에 앉아 딸에게 말하기를, "오늘 신랑이 올 텐데 네가 또 내 말을 듣지 않으면 나는 네 앞에서 죽겠다."하고 억지로 새 옷을 갈아입게 하며 다급하게 몰아세웠다.
>
> 열부가 이에 아무 계책도 떠오르지 않아 곧 새 옷을 걸치며 조용히 말하기를, "부모님의 엄명이 이러하시니 따를 수밖에 없겠습니다."하니 어머니가 그 등을 어루만지며, "내 딸아, 내 딸아, 이제 효녀로구나."하고 부모 형제가 몹시 기뻐했다. 열부가 다시 어머니에게 부탁하기를 "온 몸이 먼지에 때투성

이라 목욕한 뒤에 새 옷을 입는 게 좋겠습니다."하니 어머니가 직접 부엌에 들어가 곧 더운물을 퍼 주었다. 열부는 집 뒤로 가서 손으로 목욕물을 퍼서 뿌리며 목욕하는 소리를 내면서 새 옷을 벗고 전에 입었던 옷을 입고는 울타리를 뚫고 달아났다…

이옥이 구현한 장면만큼 서경창의 작품에서도 과부와 친정 부모가 갈등하는 대목은 역시 긴장감이 고조됩니다. 여기서의 친정 부모는 '(재가하라는) 말을 듣지 않으면 네 앞에서 죽겠다'는 말로 딸을 겁박하고 있네요. 부모가 자식 앞에서 자결하겠다는 선언은 너를 죽이겠다는 말과는 또 다른 차원으로 과부를 괴롭게 만드는 발언입니다. 이미 자신들의 속임수가 발각되었지만 극단적인 으름장을 놓으면서까지 친정 부모는 결코 물러서지 않는 것이지요.

서경창과 이옥은 이처럼 작품의 전반부에서부터 서사적 긴장감을 끌어올리기 위해 애를 쓴 듯합니다. 그런데 이처럼 한껏 고조된 긴장과 위기감은 이어지는 장면에서 과부의 수긍으로 곧장 해소되는 듯했으나 뜻밖의 새로운 구도를 통해 다시 한번 팽팽해지는데요, 두 번째 단락부터는 과부의 속임수가 이어지기 때문이죠. 친정 부모의 결연한 겁박에 별 도리 없이 순간적으로 수긍을 했지만 과부는 이내 묘안을 생각해냅니다.

새옷을 입기 위해 목욕재계를 하겠다는 그럴듯한 상황을 연출하여 위기에서 벗어난 것이죠.

전반부는 이렇듯 친정 부모의 속임수로 시작되었지만 결국 과부의 속임수로 일단락됩니다. 부유한 친정과 상대적으로 궁핍한 과부의 사정을 대비해 보여주면서 '속임수'가 주요 화소로 활용된 것이지요. 그런데 여기서 중요한 것은 속임수의 성패나 효과가 아닙니다. 대개 이야기에서 속임수가 활용될 때에는 권력 관계의 역전으로 현실 질서의 반전을 이끄는 등의 통쾌함을 주기 마련인데 이 작품에서는 그렇지가 않아요. 오히려 이 작품에 등장하는 주체들이 보여주는 속임수는 각각 나름의 사정이 있어서 그 우열을 가려내기가 쉽지 않습니다. 친정 부모는 가난한 집에 시집가 어린 나이에 과부가 되어 홀로 눈먼 시부모를 부양하며 살아가는 딸을 위한 애석함 때문에 속임수를 썼습니다. 과부는 죽은 남편과의 약속은 물론 시부모님을 위한 자기 나름의 절절한 진정 때문에 속임수를 썼고요. 이렇듯 친정 부모와 과부는 선악이나 강약의 구도 안에 단순하게 대응시킬 수 없는, 저마다의 절절함을 가진 존재들입니다. 따라서 두 세계의 팽팽한 대립은 좀 더 치밀한 해석이 필요합니다.

전반부에서 인상적인 부분을 되짚어보면 도입부에는 가난한 시가의 살림, 경제력 있는 친정의 재가 강권, 친정의 속임수와 협박, 과부의 속임수와 탈출 정도로 요약할 수 있겠습니다. 특히 각 작품에서 밑줄로 확인한 주요 대목을 복기하면, 과부에게 친정 부모는 뜻을 따르지 않으면 자신들이 죽어버리겠다거나 혹은 과부를 죽여버리겠다는 협박에 가까운 강력한 조치를 하고 있었습니다. 이 때문에 얼핏 친정 부모는 마치 과부의 이념 실천을 방해하는 존재처럼 보이기까지 했지요. 그러나 근대적 현실 인식으로 보면 자신의 딸을 애석하게 여기는 친정 부모의 심정을 부정적으로 볼 수만은 없습니다. 이는 자식의 안위와 일생을 진심으로 걱정하는 친정 부모의 '진정'이기 때문이지요. 그렇기에 문면에 드러나 있지는 않으나 열부도 친정 부모의 그런 애끓는 마음을 심정적으로는 충분히 이해하고 있었을 것입니다. 더욱이 시부모보다 자신을 낳고 길러준 부모의 뜻에 순종하는 것은 자식으로서 본능적 이끌림이기도 하지 않았을까요.

바로 이런 점에서 호랑이가 등장하는 열녀전 작품의 전반부는 딸로서 친정 부모의 말을 따라야 한다는 점과 며느리로서 시부모를 모셔야 하는 도리가 서로 충돌하게 되는 단락이라고 할 수 있습니다. 과부를 둘러싼 이러한 두 세계의 치열한 대립은 중세 이념이 붕괴되어가던 조선 후기 사회의 근대적 현실 인식을 상징적으로 보여준다고 할 수 있어요. 특히 이옥의 예시문에서 살펴보았던 '눈먼 늙은이의 종노릇'이라는 말은 딸의 봉건적 태도와는 상충되는 발언으로 기존의 이념 편향에서 벗어난 근대적 사유가 반영된 단적인 표현입니다. 하지만 아무리 근대적 인식이 깨어나던 시기라 하더라도 그런 문제의식을 대놓고 드러낼 수는 없었을 것이기에 작자는 이처럼 시가와 친정의 대비를 통해 탈봉건적 사유를 슬쩍 암시만 해둔 채 넘어갑니다. 그러면서 이 작품 속 과부의 선택은 친정이 아닌 시가에 대한 효의 실천을 꾸역꾸역 이어가는 전개로 이어집니다. 근대적 인식을 꽤 적극적으로 피력한 친정 부모와 달리 과부는 여전히 중세적 이념에 머물고 있는 인물인 것이지요.

친정과 시가의 대립을 통해 두 세계관의 충돌을 보여준 전반부가 당대 현실을 있는 그대로 반영해 보여주었다면, 후반부에서는 느닷없이 호랑이가 아주 중요한 존재로 등장하면서 비현실적 세계가 펼쳐집니다. 강제로 재가를 시키려던 친정에서 뛰쳐나와 다시 시가로 향하려던 어린 과부가 호랑이와 맞닥뜨리는 장면을 서경창과 이옥이 각각 어떻게 구현했는지 차례로 살펴보겠습니다.

서경창의 「영남효열부전」

열부가 겨우 몇 리쯤 가다 보니 큰 호랑이 한 마리가 길에 버티고 앉아 있었다. 열부가 사나운 목소리로 꾸짖기를, "내 도리가 잘못됐단 말이냐? 부모님께서 내 마음을 헤아려 주시지 않고 기어코 내 뜻을 꺾으려 하시기에 상황에 몰려서 시아버님 계신 집으로 달아나는 길이다. 내 도리가 잘못됐단 말이냐? 잘못됐으면 나를 죽여라."하고 호랑이를 향해 나아갔다. 호랑이가 마침내 고개를 돌리고 걸어가는데 그 걸음이 매우 느려 열부가 호랑이를 뒤따라가며, "밤이 깊어 갈 길을 분별하지 못하겠구나. 뒤에 분명히 사람이 쫓아올 텐데 네가 날 인도하는 거라면 어째서 빨리 가지 않느냐?"하니 호랑이가 나는 듯이 달렸다. 열부가 온 힘을 다해 따라가니 호랑이가 어느 곳에 당도했는데 바로 시아버지의 집 문 앞이었다.

이옥의 「협효부전」

날은 이미 저물었는데 비단 무늬의 큰 호랑이가 쭈그리고 앉아서 길을 가로막았다. 부인이 앞으로 가서 호랑이에게 말하길, "호랑아, 내가 과부라고 부모님이 내 뜻을 꺾으려고 하시는구나. 내 몸을 너에게 주는 건 아깝지 않으나 다만 집에 시어머님이 계시니 마지막 인사를 하지 않으면 죽어도 눈을 못 감겠다. 내게 시간을 조금만 빌려주어 우리 집 문 앞에서 잡아 먹어다오."하니, 호랑이가 일어나서 길을 비켜주고 뒤따라왔다.

우선 호랑이와 맞닥뜨린 과부가 호랑이에게 한 말을 살펴보면, 서경창의 경우 다짜고짜 '내 도리가 잘못됐단 말이냐'하고 호랑이를 다그친다거나, 더 빨리 달아날 수 있도록 호랑이를 재촉합니다. 반면 이옥이 그린 과부는 밑줄과 같이 자신의 절박한 사정을 호랑이에게 조목조목 솔직하게 설명한 뒤 집에 당도하면 잡아먹어도 좋다는 일종의 제안을 합니다. 이에 따라 호랑이의 반응도 조금은 다르게 표현되는데, 서경창의 경우는 과부의 기세에 호랑이가 수그러든 듯한 모습을 보이고 이옥은 과부의 사연에 호랑이가 수긍하고 설득된 듯합니다. 이처럼 인간을 마주한 호랑이가 인간의 기세에 굴복하거나 혹은 인간의 사연이나 논리에 납득되어 인간을 호위해주었다는 화소는 여타의 야담에서도 흔히 발견됩니다. 대표적으로 〈효감천〉류의 야담에서 호랑이와 인간의 의사소통 과정이 매우 유사하게 그려집니다. '호랑이의 위협적 등장-주인공의 설득 시도-호랑이의 수긍-호랑이의 호위'로 이어지는 구조가 『청구야담』, 『계서야담』 등에 수록된 여러 이야기에서 확인되는 것이죠.

그런데 옛이야기 속 호랑이는 대개 공포의 대상이기에 협상보다는 퇴치의 대상으로 형상화되는 경우가 더 많습니다. 호랑이를 퇴치하는 인물도 주로 용맹한 남성, 방기잡술 등에 능한 기사奇士나 승려이며 그들은 강력한 힘과 기운으로 호랑이를 제압합니다. 따라서 호랑이를 제압할 만큼의 물리적인 힘을 가지지 못한 약자에게 호랑이가 굴복하는 경우가 성립하려면 그 약자는 천지만물이 수긍하고 공감할 만한 지당한 논리를 피력하거나 혹은 절대적인 선善 그 자체로 존재해야 합니다. 친정에서 강권하는 재가를 거부하고 몰래 도망쳐 나와 홀로 계신 눈먼 시부모를 향해 내달리는 여인은 중세 이념사회에서 효열孝烈의 표상이므로 곧 '절대 선'이라 할 수 있습니다. 즉, 「영남효열부전」이나 「협효부전」에서 호랑이가 인간에게 설득되는 이유는 결국 어린 과부의 열렬한 효성에 감동했기 때문인 것이지요.

두 작품이 남다른 점은 호랑이의 역할이 여기서 그치지 않는다는 데에 있습니다. 이야기는 점점 더 설화적으로 변모하면서 어린 과부의 '은혜 갚기' 장면을 계속해서 비현실적으로 이어갑니다.

서경창의 「영남효열부전」

열부가 그 사연을 낱낱이 이야기하고 또 호랑이가 앞서 인도하여 집에 오게 된 사정을 말했다. 시아버지는 그 말을 듣고 감격해서 눈물을 하염없이 흘렸다. 이때 열부의 친정에서는...(중략)...딸이 달아난 것을 알고 급히 사람을 시켜 횃불을 들고 따라가게 했으나 큰 호랑이가 문을 지키고 있는 것을 보고 뒤쫓던 사람이 놀라 달아났다. 열부가 시아버지를 위로하여 눈물을 그치게 하고 밖에 나가 호랑이에게 말하길 "너는 날 위해서 길을 알려 주었는데, 나는 네게 보답할 게 없구나.

보니 산 것이라고는 개 한 마리뿐이다. 이걸로 배고픔을 달래고 마을에 놓아둔 함정에 빠지지 않도록 조심해라."하고 개를 몰아서 내보내니 호랑이가 바로 물고 갔다.

이옥의 「협효부전」
집에 이르자 부인은 들어가서 시어머니를 끌어안고 울면서 말했다. "저 왔습니다. 하지만 이제 곧 가야 합니다."...(중략)...절을 하고 나오니 호랑이가 마당에 쭈그리고 앉아 있었다. 부인이 "하직 인사를 올렸으니 이제 여한이 없다. 네 맘대로 해라." 하니 호랑이가 차마 그럴 수 없다는 듯 고개를 저었다. 부인이 "네가 혹시 나를 불쌍히 여겨 잡아먹지 않는 것이냐?" 하니, 호랑이가 고개를 끄덕이는 시늉을 했다. 부인이 "어진 호랑이구나! 네가 굶주린 건 아니냐?"하고 들어가서 죽을 가지고 나와 먹이니, 호랑이가 꼬리를 흔들며 귀를 붙이고 강아지처럼 핥아 먹었다. 부인이 그 머리를 쓰다듬고 주의를 주기를 "호랑아, 너는 과연 영물이로다. 이제부터 노루나 토끼만 잡아먹고 사람들에게는 가까이 가지 마라. 함정에 걸리거나 화살에 맞아서 네 호의를 저버리게 될까 걱정이다."고 했다. 호랑이는 죽을 다 먹고 여러 번 뒤를 돌아보며 떠났다.

위의 인용문에서 공통적으로 가장 눈에 띄는 것은 과부와 호랑이가 다시 한번 소통하는 장면입니다. 먼저 서경창에서 밑줄친 부분은 앞뒤 맥락으로 볼 때 과부와 시아버지의 대화를 들은 호랑이가 집 문을 지키며 과부의 친정에서 보낸 사람들을 물리친 것이라 할 수 있습니다. 과부와 호랑이가 직접 교감을 나누는 장면은 아니지만 호랑이가 수동적인 호위에 머무르지 않고 적극적으로 과부의 편에 서서 과부에게 방해가 되는 존재들을 사실상 스스로 처단해준 것이나 다름없네요. 과부가 알지 못하는 사이 이미 호랑이는 그에게 감화되어 매우 적극적으로 과부와 그가 극진히 모시는 시아버지를 지켜준 것이죠.

서경창이 이처럼 열부와 호랑이의 발전된 관계를 은근하게 보여주었다면, 이옥은 매우 세밀하고 생생하게 둘의 소통 장면을 그려냅니다. 특히 밑줄로 표시한 부분에 드러난 과부의 말과 그에 따른 호랑이의 반응은 다분히 동화적이기까지 합니다. 과부가 이제 자신을 잡아먹으라는 말에 호랑이가 고개를 젓는다거나, 과부가 다시 호랑이의 의중을 짐작해 묻는 말에 호랑이가 고개를 끄덕이는 것이 그렇습니다. 죽을 먹도록 내어주자 "호랑이가 꼬리를 흔들며 귀를 붙이고 강아지처럼 핥아먹었고, 부인이 호랑이의 머리를 쓰다듬었다."는 대목은 호랑이와 과부의 관계를 흡사 현대 사회의 반려동물과 그 주인처럼 묘사하고 있네요.

이처럼 호랑이의 첫 등장이 그려진 후반부 단락은 과부의 효성에 감복한 호랑이가 그를 호위해주고 이에 무사히 시가로 돌아와 시부모와 상봉한 과부가 호랑이에게 간단한 먹을 거리를 주어 보은했다는 내용으로 종합됩니다. 그런데 호랑이와 과부의 이야기는 여기서 그치지 않고 함정에 빠진 호랑이를 과부가 직접 구출해주는 새로운 단락으로 이어지는데요, 이 부분은 서경창의 작품을 통해 확인해 보겠습니다.

> 잠자리에 들었는데 새벽에 "호랑이가 함정에 빠졌으니 마을 사람들은 모두 나오시오."라고 외치는 소리가 마을에서 들려왔다. 열부는 그 호랑이가 간밤에 온 호랑이임을 알아차리고 시아버지에게 말했다. "호랑이는 짐승이요, 저는 사람입니다. 호랑이가 이미 절 살려 주었는데 제가 살려주지 않는다면 사람이 짐승보다 낫다 할 수 있겠습니까?" "말은 옳다만 저걸 살릴 방도가 없구나." "마을 사람들에게 가서 간청해 보겠습니다." (가)"네가 꼭 가겠다면 나도 따라가마." 시아버지가 지팡이를 들고 나서자 열부는 지팡이를 이끌어 앞으로 갔다. 사립문을 나서자마자 구경꾼들이 모두 물었다. "어르신, 어디 가십니까?" "우리 며느리가 호랑이를 살려주어 은혜를 갚겠다고 해서 함께 가는 길이네. 함께 갑시다" (나)시아버지가 이렇게 말하자 이 말을 들은 사람이 전하고 또 전해서 시아버지가 아직 반도 가기 전에 '아무개 집 며느리가 호랑이를 구한

다더라.'하는 말이 이미 다 퍼져서 함정 주변에는 구경하는 사람들이 담처럼 늘어서 있었다...(중략)...열부가 함정에 들어가서 호랑이에게 말했다. "너는 영험한 짐승이다. 내가 지난밤에 한 말을 기억했다면 어떻게 여기에 들어왔단 말이냐?" 호랑이가 고개를 숙이고 말을 알아듣는 시늉을 하자 열부가 또 말했다. (다)"네가 날 살려준 은혜가 있어서 여러분들께 애써 청했더니 너를 살려줄 것을 허락하셨다. 함정에서 나간 뒤에는 혹시라도 사람을 해치지 말고 멀리 깊은 산으로 달아나거라." 손으로 호랑이를 쓰다듬고 함정 밖으로 끌고 나오니 호랑이는 곧장 산쪽으로 달려가 순식간에 보이지 않았다. 시아버지는 함정 바깥의 조금 높은 곳에서 이웃 사람들과 함께 함정 안을 내려다보고 있었다. (라)눈이 멀어 보이지 않아서 며느리가 하는 일을 보지는 못하고 이웃 사람의 말만 듣고 짐작할 뿐이었다. 이웃 사람이 처음에 "함정에 들어갔습니다" 하고, 그 다음에는 "호랑이를 쓰다듬고 있습니다"고 하자 갑자기 발을 구르며, "이게 무슨 말이냐, 이게 무슨 말이야?"하며 정신없이 소리를 질렀다. 며느리가 호랑이를 끌고 함정 밖으로 나올 때가 되어서는 이웃 사람의 말을 듣고서, "호랑이가 정말 저리로 달려갔다구?"하며 손으로 가리키다가 갑자기 눈을 뜨게 되었다.

밑줄 친 부분을 중심으로 요약하면 (가)열부를 따라나선 시아버지-(나)구경꾼의 운집-(다)호랑이를 타일러 구출한 열부-(라)눈먼 시아버지의 시력 회복으로 정리됩니다. 먼저 (가)에 따르면 열부가 호랑이를 구하러 간다는 말에 눈먼 시아버지는 그를 따라나섭니다. 위기에 처한 호랑이를 구하기 위해 한시가 급했던 입장에서는 불편한 몸으로 굳이 자신을 따라나서겠다는 시아버지가 달갑지는 않았을 것입니다. 그러나 열부는 시아버지의 지팡이를 이끌어주면서 눈먼 시아버지가 그의 뜻대로 자신을 따라나설 수 있도록 보필합니다. 만약 시아버지가 집에 남아 있는 상황이었다면 다음 단락으로의 연결은 이어질 수 없습니다. 즉, 열부가 시아버지의 뜻을 존중해 그를 밖으로 이끌었기 때문에 그 결과 (나)와 같이 수많은 구경꾼들이 열부가 호랑이를 구출하는 장면을 목격할 수 있게 됩니다.

그런데 이 장면은 단순한 흥미 유발 차원의 단락이 아닌 것 같아요. 열부와 시아버지를 둘러싸고 인파가 몰렸다는 것은 어린 과부가 시가를 위한 효열의 신념을 지키며 살아온 그간의 행력이 단번에 수많은 이들에게 알려질 수 있는 상황이 조성되었음을 의미하기 때문이죠. 그러니 위의 단락은 과부가 장차 효열부로 칭송받게 되는 결말을 위해 미리 배치된 전제 조건과 같다고 하겠습니다. 이렇게 조성된 전제에 따라 열부는 수많은 사람들이 지켜보는 가운데 (다)와 같이 호랑이와 소통하는 놀라운 장면을 보여줍니다. 더욱이 이 장면은 열부와 호랑이의 개인적 관계만을 단순한 구경거리로 보여주는 데에서 그치는 것이 아니라 열부가 마을 사람들 전체를 안전하게 지켜냈다는 점을 드러낸 단락이기도 합니다.

동시에 열부는 (라)에서 보듯이 눈먼 시아버지의 시력을 회복시키는 존재 즉, 구비설화의 산물인 심청형 효녀의 모습으로 그려지기까지 합니다. 이 작품이 마무리되는 대목에서 시아버지가 번쩍 눈을 뜬다는 것은 결국 이 이야기가 효열의 이념성을 끝까지 강조해두려 했다는 사실을 상기하도록 하는 것이죠. 이옥의 경우, 시부모의 시력 회복 장면은 빠져있지만 그것을 제외하면 후반부 이야기의 흐름은 서경창과 대체로 일치합니다. 함정에 갇힌 호랑이가 열부를 보고 눈물을 흘린다거나 함정에서 나온 뒤에도 열부가 나오기를 기다렸다가 그의 옷에 몸을 비비고 손을 핥은 후에야 떠났다는 등 둘의 소통 장면이 좀 더 감상적으로 부각되어 있는데요, 모두가 두려워하는 호랑이를 어린 과부가 어떠한 술수도 없이 이토록 잘 따르게 만들었다는 것은 곧 그의 인격적 감화력을 방증하는 장면이라 하겠습니다. 그리고 그 무서운 호랑이가 마치 주인을 따르는 반려견처럼 굴 만큼 절로 감복할 만한 인격이란 곧 '효성스러운 며느리'로서의 정체를 뜻하는 것이겠지요.

이들 작품은 현실 세계의 첨예한 대립을 팽팽하게 담아냈던 전반부와 달리 호랑이의 등장을 기점으로 이렇듯 강렬한 비현실성을 추종하는 듯하면서도 결국 이념적 주제인 효열을 부각하는 방향으로 종결됩니다. 주목할 점은 이 작품들이 효열이라는 이념을 면면에 강조하고 있음에도 이념을 다루는 방식이 기존의 한문 산문과 같이 무겁고 보수적인 표현을 통해서가 아니라는 점에 있겠습니다. 서경창과 이옥은 전근대적 열부의 세계관이 승리하는 결말을 위해 비현실성을 빌려오는 방편을 전략적으로 선택했습니다. 호랑이를 통해 비현실성을 강화함으로써 초반에 극명하게 대비시켜 보여주었던 친정과 열부 사이의 대립을 은근하게 희석하고 무마한 것이지요. 물론 작품의 결말에서는 두 작자 모두 친정이 재가 권유를 포기한 것처럼 그렸지만, 현실적으로 추측해보면 친정의 문제 제기는 잔존했을 가능성이 큽니다. 작품 안에서는 시가의 효열부로서 살아가기로 한 삶이 칭송받는 것으로 마무리되지만 이는 어떻게 보아도 불완전한 결말일 수밖에 없습니다. 열부의 세계관이 승리하기까지는 현실에서 도저히 있을 수 없는 불가사의와 환상이 수차례 연속되어야만 했기 때문이지요.

그러므로 정통 전 갈래 작품에 이처럼 호랑이가 등장해 구비설화나 야담처럼 비현실적인 장면이 그려지는 것은 인간의 힘으로는 극복하기 힘든 현실의 척박함과 위태로움 즉, 친정과 시가에 대한 이념 실천을 어느 한쪽도 소홀하기는 어렵다는 데서 비롯된 갈등을 타파해보려는 시도로 읽을 수 있겠습니다. 작품의 전반부에서 이념의 균열을 보여주고도 후반부는 이념의 당위로 회귀하려 하니 그 과정에서 당위를 마련하는 요소로써 흥미 본위의 민담(호랑이)이 활용되는 것입니다. 이와 같은 전의 구비설화화 양상은 조선 후기의 여성 인물전이 선택한 또 하나의 노선으로, 작품 안에서 중세 이념에 대한 문제의식을 노정한 채 그 이념을 긍정하기 위해 흥미 위주로 회귀해야만 했다는 것을 보여준다고 하겠습니다.

참고로 과부와 호랑이가 등장하는 관련 구비설화들의 후반부는 다양한 화소들의 결합을 통해 이야기적 '흥미성' 자체가 더욱 확장적으로 구연되는 경향을 보입니다. 예컨대 몇몇 각편version은 열부가 호랑이를 통솔한다고 알려지자 고을 원님이 그를 불러 재주를 직접 보이라 하고, 이에 열부가 호랑이 등에 타고서 원님 앞에 등장하여 동헌에 모인 이들이 다시 한번 놀랐다는 재미있는 장면이 있기도 합니다. 또는 친정의 재가 권유를 뿌리치고 시가에서 외롭게 지내던 젊은 과부에게 호랑이가 사내 아이를 하나 물어다준다는 경우도 있습니다. 과부에게 시가의 대를 이어갈 아이가 생긴다는 것은 물론 유교적인 의식에서 비롯된 면이 있겠습니다만, 의탁할 곳 없는 과부의 외로움을 해소해준 호랑이의 행위는 친정 부모를 포함한 모든 사람들이 과부를 향해 가질 수 있는 이해와 연민을 대체하여 보여준 것이기도 하겠지요. 때로는 호랑이가 물어다 준 아이가 얼마간 장성한 뒤 친부모를 찾아나서게 되는데, 과부와 아이가 함께 나선 멀고 험한 여정에 여러 호랑이들이 등장해서 그들을 각각 등에 태우고 달려 순식간에 그 양자의 친부모 집 앞에 내려주었다는 흥미로운 장면이 전해지기도 합니다.

설화의 후반부 단락이 이러한 방식으로 확장되는 것은 결국 전승자들의 의식 속에 이야기로서의 재미, 소외된 인물에 대한 연민을 공유하려는 의도가 내재되어 있기 때문으로 볼 수 있습니다. 설화는 이런 점에 기반하면서 과부라는 존재가 가진 결핍을 해소하고 그 소망을 실현해주기 위해 초현실적 환상으로 향해가며 현실 세계의 문제들을 모두 따뜻한 웃음으로 위로합니다. 중세 사회에서 과부의 재가란 당사자 뿐만 아니라 사회 구성원 전체의 심각한 대립을 야기할 까다로운 문제인 만큼 설화의 세계는 현실적인 해결법을 제시하여 또 다른 논란을 낳기보다는 인물이 가진 아픔을 치유하는 것으로 소임을 다한 셈이지요.

반면 전 갈래는 구비설화의 전후반 서사단락을 그대로 가져왔지만 같은 이야기를 전하면서도 현실 문제가 다루어지는 전반부를 설화에 비해 더 강조합니다. 서경창과 이옥의 작품에는 젊은 과부를 둘러싼 친정과 시가의 대립 양상이 훨씬 심각한 갈등으로 부각되어 있는 것이죠. 그러나 현실 세계에 존재하는 갈등을 그와 같이 사실적으로 드러내 놓고서도 정작 그 문제를 해결하는 방식은 구비설화의 비현실성을 그대로 답습하고 맙니다. 설화의 후반부만큼 확장성을 보이지는 않지만 분명 설화가 마련해둔 '허구적인 문제 해결법'을 차용하고 있는 것이지요. 전 갈래에 구현된 전후반의 서사단락은 이처럼 서로 모순된 성격을 보입니다. 그렇기에 작품 내부의 전개 양상은 다소 급격한 비약으로 읽히며 극단적으로 표현하자면 전후반부가 마치 서로 다른 작품처럼 단절된 듯한 인상마저 남깁니다.

하지만 바로 그 지점에서 서경창과 이옥이 숨겨둔 입전의도를 짐작해볼 수 있습니다. 그들은 이름 모를 평민 효열부를 입전하며 구비설화의 환상성을 작동시켜 표면상 서사적 흥미를 지향하는 듯 보이나, 실상은 환상성을 빌려오지 않고서는 해결할 수 없을 만큼 "현실의 갈등이 첨예하다"는 점을 상기시키기 때문입니다. 다시 말해, 서경창과 이옥은 중세 작가로서의 당대 이념에 대한 문제의식을 가졌지만 그 이념을 긍정하기 위해 민담의 흥미성으로 회귀하는 의도적 선택을 했다고 볼 수 있습니다. 이처럼 조선 후기의 여성 인물전 가운데 호랑이가 등장하는 작품들은 종래의 한문 산문이 고수해 오던 장르 규범적 관습으로부터 한결 분방해지는 양상으로 변모해 갔다고 할 수 있습니다. 실용적, 교훈적 가치를 지향하던 교술로서의 한문 산문은 18·19세기를 관통하면서 기존의 장르 규범을 타파하고 점차 통속화를 지향하는데요, 여기서 다룬 구비설화와 전 작품 간의 긴밀한 관계 양상은 바로 그러한 사실을 확인시켜 주는 사례입니다. 따라서 18·19세기 여성 인물전은 때로 원초적인 구비설화의 영역과 적극적으로 교섭하면서 일면 통속적으로 변모되어 간다고 할 수 있습니다. 이는 박효랑 관련 작품들의 '소설화' 경향과 어느 정도 접점을 가지는 한편 또 다른 차원으로 존재하던 새로운 현상이었다고 볼 수 있겠습니다.

무너지는 철옹성

무너지는 철옹성

열녀 안씨는 성균관의 여종이었다. 평소 본성이 어리석어 마치 아무것도 깨닫지 못하는 자 같았다. 남편은 죄를 지어 관의 곤장을 맞고 죽었는데, 안씨는 젊은 나이에 과부가 되었으나 슬프게 여기지도 않았다. 그로부터 몇 개월이 지나 안씨는 바느질을 하다가 우연히 바늘을 잘못 놀려 스스로 손가락을 찔렀다. 손가락의 통증으로 안씨는 소리를 지르고 울기를 그치지 않으며 말했다. "전에는 내가 이를 몰랐구나! 조그만 쇠붙이가 피부를 찔러도 그 아픔을 감당하기 어려운데, 불쌍하도다 낭군이여! 그 아픔이 어떠했을까? 불쌍하도다, 낭군이여! 아파서 죽었구나. 불쌍하도다. 낭군이여! 어찌 이를 슬퍼하지 않으리오?" 안씨는 이내 먹지도 않고 밤낮으로 통곡하여 그치지 않더니, 나흘 만에 눈물이 모두 피로 변하더니 죽고 말았다. 이 일이 알려지자 여문에 정표하였다.

우리 고전문학사의 이단아로 불리는 이옥이 성균관의 한 여종에 대해 짧게 기록해둔 이야기입니다. 여종 안씨는 본성이 어리석은 탓에 남편이 곤장을 맞고 죽었어도 특별히 애달프게 여길 줄을 모르는 우매하고 무딘 여인이었나 봅니다. 게다가 안씨는 남편이 맞아 죽었다는 사실에 대해 무감한 것은 물론이고 그로 인해 자신이 젊은 나이에 과부가 되었다는 사실도 무겁게 받아들이지 못할 만큼 아둔했습니다. 다소 완곡하게 표현된 어리석다[애애騃獃]는 말을 현대적으로 풀이해보면, 사실상 안씨는 보통 사람보다 현저하게 떨어지는 인지력을 가졌거나 혹은 정서나 성격상으로 치명적인 결함을 가진 인물이지 않았을까 싶습니다. 그런데 얼마 후 그는 우연히 바늘에 찔려 스스로 손가락의 통증을 느끼게 되면서 비로소 어떤 깨달음을 얻습니다. 이야기 속에 생생한 독백으로 재현되어 있듯이 안씨는 자신의 몸으로 직접 통증을 느껴본 이후에야 남편이 죽어가며 느꼈을 고통과 아픔을 체험하게 된 것입니다. 특히 "불쌍하도다, 낭군이여! 아파서 죽었구나!(애애낭인 통이사이哀哀良人 痛而死而)"라는 말에는 남편의 고통스러운 죽음에 대한 뒤늦은 자각과 회한이 절규에 가깝게 표출되어 있습니다. 이에 그는 식음을 전폐한 채 밤낮으로 통곡하다 결국 피눈물을 흘리며 죽고 맙니다.

아둔했던 여인이 일순간에 깨달음을 얻고 불현듯 며칠 밤낮을 통곡하다 죽어버렸다는 이 기록은 마치 겪어봐야만 아는 고통을 강조하기 위해 꾸며낸 우언寓言처럼 보이기도 합니다. 그러나 조금 더 자세히 들여다보면 작자는 결국 '겪어보면 모두 깨닫는가?' 또한 '깨달음을 얻는 자는 그것을 곧장 실행하는가?'라는 질문을 던지고 있음을 알 수 있어요. 즉, 이옥은 어리석었던 여종 안씨가 우연한 계기를 통해 비로소 과거의 삶을 되돌아보며 진정한 깨달음을 얻었고, 그 깨달은 바를 즉시 진실하게 실천했다는 점에 주목합니다. 어쩌면 어리석은 자이기에 가능했을 너무도 순정한 몰입, 이옥이 주목하는 것은 바로 그 바보 같은 순정함입니다. 많이 가진 자, 깊이 배웠다 하는 자들은 입으로는 충효열을 외면서도 정작 그 실체가 무엇인지 제대로 깨닫지도 못하고, 혹 깨달았다 해도 진심으로 실천하지 못한다는 비판. 그에 비해 이 어리석은 여종이 보여준 순정이야말로 죽은 남편에 대한 진심이며, 이것이 곧 진정한 열이라는 이옥의 시선에는 날카로운 현실 인식이 자리하고 있는 것이지요.

사실 이 이야기는 「반촌사정려기泮村四旌閭記」라는 표제로 전해지는데요, 반촌泮村은 성균관 노비들의 집단거주 지역이라고 할 수 있습니다. 조선조 최고의 유학교육기관인 성균관(태학) 주변에 살면서 당대 최고의 인재로 양성되던 유생들의 삶을 다방면으로 보조하던 자들이 바로 반촌의 백성입니다. 「반촌

사정려기」는 그런 백성 가운데 정려받은 효자, 열녀 등의 일화를 네 가지로 짧게 엮은 기록이고요. 그렇다면 반촌에 사는 천민이 정려받았다는 사실을 굳이 시리즈처럼 한 데 모아서 따로 기록해둔 이옥의 의도는 무엇일까요. 가진 것도 배운 것도 없는 사회 저층의 천민 집단 속에서 충효열이라는 거룩한 이념이 빛나고 있었다는 사실을 통해 이옥은 무엇을 말하려던 것일까요.

「반촌사정려기」 전체를 갈음하는 평론부를 보면, 이옥은 자신이 일찍이 보았던 한양의 수많은 정려문들은 '모두 양반 귀족 벼슬아치의 대갓집이었다'면서 이는 특별할 것 없는 당연한 일이기 때문에 '나는 이것을 이상하게 여기지 않았다'고 전합니다. 또 그런 일은 마치 '소가 밭을 갈고 말이 멍에를 매는 것과 같이' 자연스럽고 마땅하다고 덧붙였으니 양반 가문이 정려를 받는 것은 짐승도 자신에게 주어진 소임을 다할 줄 알듯 상층민으로서 당연히 해야할 일이라는 말입니다. 결국 이 논리는 그저 당연한 일을 대단한 자랑처럼 전시하고 있는 대갓집들의 수많은 정려문에 대한 일갈이라고 할 수 있겠네요.

이에 비해 미천한 소민小民들은 '어려서는 가르침을 받지 못하고 자라서도 본받을 기회가 없는' 까닭에 충효열이 무엇인지 알 수도 없고 그것을 실천하지 못한다 해도 전혀 이상할 것은 없다고 이어갑니다. 보고 배운 경험 자체가 없기 때문에 실행하기 어려울 수밖에 없으며, 아울러 이념의 실천은 하층민이 반드시 해야 할 의무도 아니라는 논리지요. 그러나 이러한 결핍과 열악함 속에서도 오히려 그 소민들은 간혹 '우뚝하게 스스로 남다른 행동을 하는 자가 있다'는 사실을 이옥은 다시 한번 힘주어 말합니다. 그러면서 이것이 가능해질 수 있는 이유는 '훌륭하신 상제께서 백성에게 착한 본성을 내렸음'으로 귀결 짓고 있습니다.

여기서 착한 본성을 앞서 살펴본 열녀 안씨와 연결지어 보면, 그것은 안씨가 타고난 어리석음과 각성 후에 보여주었던 순정함을 아울러 지칭합니다. 안씨는 학습된 이념에 따라 '죽어야만 한다'는 당위적인 결심으로 죽은 것이 아니었습니다. 그는 그저 죽은 남편을 애처롭게 생각하며 진심으로 통곡하다가 숨이 끊기고 말았지요. 그렇기에 뒤늦게 통한의 눈물을 흘리며 남편의 죽음을 온몸으로 아파하다가 자연스레 순절한 안씨의 진심은 곧 착한 본성의 발현을 있는 그대로 보여준 것이라 할 수 있습니다. 즉, 상제께서 백성에게 내리셨다는 착한 본성이 안씨에게서는 '순정함'으로 발현되는 것이죠.

하층 여성의 열을 칭송하며 부각한 경우는 이옥의 사례 이외에도 매우 많습니다. 그러나 이들은 대개 보수적 이념을 고취하려는 교조적 목적으로 기록되어 결과적으로 열녀전이 확대·재생산 되는 데에 일조하는 역할을 했습니다. 이옥이 남긴 열녀 이야기도 어떤 면에서는 그와 같이 해석될 수 있겠지만 그의 경우, 하층 여성의 열을 전면적으로 '칭송'하며 부각하지는 않기 때문에 명백하게 이념을 옹호하고 찬미하는 여타의 열녀전과 다르게 해석될 필요가 있다고 봅니다. 그는 작품 속에 상하층에 대한 계층적 비교의식을 짙게 깔아두고 그러한 전제 위에서 상층을 비판하는 방식으로 하층 여성의 열이 돋보이도록 조치하고 있기 때문이죠. 그렇기에 상층에 대한 이옥의 이러한 시선은 양반층으로서 자기 자신이 소속된 집단을 향한 비판이라는 점에서 내부 고발의 측면이 있기도 합니다. 또 한편으로는 '나는 진정한 상층인가'하는 무의식적 자문 즉, 주류에서 소외된 경계인 혹은 이방인으로서 이옥이 가졌을 열패감이 투영된 비판으로 읽히기도 하네요.

이옥의 불우한 생애, 그 속에서 꿈틀대던 반사회적 저항의식을 유념하면서 그가 남긴 열녀 인물전 몇 작품을 좀 더 살펴보겠습니다.[1]

열녀 이씨는 이름은 아무개이며 선비 김 아무개의 아내이다. 스물한 살이 되었을 때 남편이 병으로 죽자 곧 머리를 풀어 헤치고 방 안에 틀어박혀 지내는데 얼마 지나 임신했다는 것

---

1 해당 작품의 원문 및 번역은『한국의 열녀전』및『이옥 전집』을 참조하되, 번역문은 가독성을 고려하여 부분적으로 다듬어 수록했습니다.

을 깨닫고는 울며 말하길, "홀몸이 아니니 감히 지아비 자식의 목숨을 버릴 수가 없습니다. 청컨대 기제사를 치르고 따라가겠습니다."고 했다. 이후 이씨는 ❶해산을 하여 사내아이를 낳았는데 자기가 기르지 않고 여종을 골라 아이에게 젖을 물리도록 하고서 자신은 여전히 머리를 풀어헤치고 거친 베옷을 입고 풀떼기를 깔고 방 안에서 지냈다. 소상을 치를 때 울며 말하기를, "유복자가 이미 대를 이었으니 청컨대 3년상을 마치고 따라가겠습니다."고 했다. 이씨가 죽는 날을 지연하니 집안사람들은 그를 경계하지 않았는데 대상을 치른 날 아침, 이씨는 비로소 풀어헤쳐진 머리를 빗질하고 목욕, 양치, 세수를 하고서 새 옷을 갖추어 입고 시부모와 내외 친척들께 인사했다. ❷몸은 얼빠진 모양으로 텅 빈 듯 했고 생각은 허둥지둥 서두르는 모양이었으니 사람의 모습이 아니었다, 시부모가 죽지 말라 말리자 이씨가 말하길, ❸"신부가 복이 없어서 지아비가 일찍 떠났으니 마땅히 따라가야 할 것입니다. 저 어린 자식 때문에 핑계를 댄다면 지아비가 신부를 무엇이라 이르겠습니까?"라고 했다. 그런 다음 어린 자식을 불러 그 이마를 여러 번 어루만지고는 방으로 들어가 손을 가지런히 하여 배 위에 덮고 눈을 감고서 떠났다. 일이 알려지자 그 집에는 정려문이 내려졌다.

❹아! 예로부터 열녀는 어찌 한정할 수 있겠는가마는 모두 창

졸간에 칼이나 비녀로 스스로 찌르거나, 혹은 실로 목을 매고, 혹은 7일을 굶어 죽고, 혹은 물에 빠지기도 하며, 혹은 몰래 독약을 먹기도 한 것이다. 이씨는 유독 그렇게 하지 않고도 그렇게 되었으니 어찌 진정으로 탁월한 열녀가 아니겠는가? 그가 남편을 따른 것은 '의리'이고, 약속을 지킨 것은 '신의'이며, 죽은 것은 '진실함'이다.

짧게 정리하면, 이 아무개 여인이 죽은 남편을 곧장 따라가려 했으나 뒤늦게 임신 사실을 깨닫고 다만 몇 년이나마 아이를 기른 후 자결했다는 이야기입니다. 이러한 이씨 여인의 이야기는 이씨가 정려를 받았다는 결말로 마무리되는데, 그 뒤에 바로 이어진 이옥의 사평(❹)이 이채롭습니다. 이 사평은 우선 여느 전 갈래와 다름없이 추상적인 성리학 용어들 이를테면 의義·신信·성誠과 같은 표현을 통해 열녀를 칭송하는 듯 보입니다. 그러나 '창졸간에 죽어버린 열녀들'과 달리 '이씨는 유독 그렇게 하지 않고서도 그렇게 되었다'는 말을 통해, 이씨에게는 여느 열녀들과는 다른 면모가 있었다는 점을 언급해두고 있습니다. 그렇다면 이씨가 창졸간에 죽지 않고 다만 얼마 동안이라도 연명하며 했던 일은 무엇인가요?

죽은 남편을 곧장 따라죽지 않고 일정 기간 죽음을 유보해 둔 이씨가 보여준 행동은 밑줄 친 ❶·❷를 통해 확인할 수 있습니다. 먼저, ❶에서 보듯이 이씨는 자식을 낳고도 자신이 직접 젖을 먹이지 않고 계집종을 골라 그에게 수유를 하도록 합니다. 상식적으로 이해하기 힘든 이러한 행동의 이유는 무엇이었을까요. 그것은 아마도 '낳은 정보다 기른 정이 더 무섭다'는 말에서 짐작할 수 있듯이 육아 과정에서 형성될 모자 간의 애착을 미연에 끊어내고자 했던 선택이지 않았을까요. 즉, 이씨는 제 속에서 난 자식을 자신이 직접 기른다면 장차 그 자식과 함께 계속해서 살아가고픈 본능적 욕망을 억누르기가 어렵게 되리라는 점을 충분히 인지하고 있었습니다. 다시 말해 새끼를 잉태하고 낳은 어미로서 자연적으로 가지게 되는 모성母性조차도 그는 안간힘을 다해 억제하려 했던 것이죠. 이것은 훗날 ❸에서 '어린 자식으로 핑계를 삼는다면'이라는 말을 통해서도 재차 확인됩니다.

그런데 이씨는 이처럼 이성으로 통제할 수조차 없는 본능적인 반응을 모두 참아냈으니 곧 자기 자신을 '죽은 사람'으로 취급했기 때문이라 할 수 있습니다. 즉, 아이를 낳고도 양육에 전혀 신경을 쓰지 않고 수수방관 한 채 지켜보기만 하는 엄마는 곧 죽은 엄마인 것입니다. 이처럼 자신을 죽은 사람, 죽은 엄마로 취급했던 이유는 남편이 죽은 뒤 애초에 따라죽겠다는 결심을 했었기 때문입니다. 또한, 아이가 태어나면서 얼마간 죽음을 유예했지만 따라죽으리란 결심을 반드시 실행하겠다는 재다짐을 지속적으로 했을 것입니다.

이처럼 어미로서 가질 수 있는 마땅한 욕망이 있음에도 이씨는 따라가겠다[종從]고 선언할 수밖에 없었고, 또한 자신이 했던 그 말을 반드시 지켜야만 하는 삶을 살아야 했습니다. 그러니 얼마간 죽음을 유보했다 하더라도 그가 살아 있는 동안은 결국 고통과 번민, 번뇌로 점철된 '견딤'의 연속이었을 것입니다. 이씨가 감내해야 했던 그 고통의 시간을 이옥은 '머리를 풀어헤친 채 거친 베옷을 입고서 풀떼기를 깔고 방 안에만 틀어박혀 지냈다'는 표현을 통해 암시하고 있습니다. 또한 이옥은 이씨에 대한 이러한 묘사를 ❷에서는 조금 다른 말로 치환하여 다시 한번 강조해 두고 있어 더욱 이목을 끕니다.

'몸은 얼빠진 모양으로 텅 빈 듯했고 생각은 허청허청 하여 넋이 빠진 듯한 모양이었으니 살아 있는 사람이 하는 모습 같지가 않았다'는 말은 과연 어떤 의미일까요? '선선여仙仙如'나 '황황여皇皇如'와 같이 의태어를 사용했기 때문에 다소 모호하게 해석될 수 있지만 '불사인소위不似人所爲'라는 표현에서는 나름대로 분명하게 어떤 의도를 내비치려 한 것 같습니다. '(산) 사람 같지 않다'는 말은 곧 '귀신이나 다름없다'는 말로 읽히기 때문이지요. 따라서 이 대목은 자결 직전의 외형적 태도를 통해 이씨의 불안정하고 두려운 심리를 보여주려 한 것일 수 있습니다. 죽음을 앞둔 사람이라면 누구나 겪을 수 있는 불안과 공포

말입니다.

그런데 죽음을 앞둔 모습 즉, '이씨가 죽던 날의 아침'이 그려진 부분을 다시 찬찬히 살펴보면 그 분위기가 너무도 정갈하고 차분하다는 점이 특별합니다. 특히, 정갈하게 머리를 빗질하고 씻는 장면, 친척들에게 차분하게 인사를 건네는 장면, 만류하는 시부모에게 담담하게 자신의 의지를 답하는 장면, 계집종에게 침상을 마련케 하고 최후를 맞이하는 장면을 눈여겨 봐야 합니다. 이처럼 '죽는 날 아침'의 모습을 유독 장황하게 서술한 의미는 무엇일까요.

해산 이후의 본능적인 절차인 수유조차 거부한 이씨가 제대로 된 산후조리를 했을 리 없겠지요. 그러니 해산 직후의 이씨는 온 몸의 양분이 다 빠져나간 상태였을 것입니다. 더욱이 그러한 몸 상태로 거처나 음식에 전혀 신경 쓰지 않고 그저 베옷을 입고 풀떼기를 깔고서 지냈다고 했으니, 당시 그는 헐벗고 굶주린 노숙인과 크게 다를 바가 없던 셈입니다. 즉, 당장 죽더라도 이상하지 않을 만큼 피폐해진 모습으로 출산 이후의 하루하루를 견뎌냈을 텐데 그 처절함 속에서 이씨는 또한 당시 사회에서 요구되던 며느리로서의 본분을 다했을 것입니다. 이를테면, 밥을 차리고 청소하고 빨래하는 등의 집안 살림을 돌보는 일을 수행했으리라 봅니다. 그렇기에 죽는 날 아침에 모든 기력이 소진된 상태가 되었을 때에도 시댁 식구들에게 도리를 갖추어 인사를 하고 만류하는 시부모에게도 예를 다해 대답할 수 있었던 것이 아닐까요.

다만 이러한 차분한 모습과는 또 다른 일면으로 허둥지둥하는 듯했다는 묘사가 뒤섞여 있는 데에는 최후를 맞닥뜨린 사람으로서의 복합적인 감정이 표현된 것이 아닌가 합니다. 전술했듯이 '선선여仙仙如'나 '황황여皇皇如'는 자결 직전의 불안이나 공포에서 기인한 긴장감의 표현입니다. 그와 동시에 자신이 기약한 날을 드디어 맞이했다는 자각, 즉 '이제 다 되었다', '모두 끝났다'는 묘한 안도감에서 순간적으로 긴장감이 해소되는 이완의 정서이기도 합니다. 하루하루 결연하게 견뎌온 시간의 막바지에 이르렀을 때, 그 순간 느꼈을 긴장과 이완 사이의 어디쯤에 '선선여仙仙如'와 '황황여皇皇如'의 의미가 자리하고 있는 것이겠지요. 그러나 그런 와중에 체력은 완전히 바닥이 난 상태이지만 마지막 할 일(몸 단장, 하직 인사)은 남아 있으니 그 일들을 수행하느라 허둥지둥할 수밖에 없게 되는 상황이 뒤섞인 채로 표현되어 있습니다.

소위 과몰입해보지 않고서는 쉽게 납득할 수 없는 '죽는 날 아침'의 상황들은 이옥에게 많은 의문을 남겼던 것 같아요. 아마도 이옥은 죽음을 맞는 이씨의 모습을 보면서 '이것이 어떻게 가능한가?', '사람이 어떻게 이렇게 죽을 수 있나?' 하는 의문을 가졌을 것입니다. 마치 어떤 신화 속에서 비범한 주인공이 환생을 위한 장치로서 필연적으로 죽음을 맞이하는 신성한 장면처럼 이씨의 죽음도 너무 비현실적이라는 인상을 주기 때문이지요. 보통의 인간이 죽음을 선택하는 장면이라면 독약을 마시거나, 칼로 자해하는 등의 방식이었으리라는 추측이 가능한데 이씨는 마치 어떤 물질이 자연적으로 '산화'되듯 죽었기 때문에 이런 방식의 죽음이 어떻게 가능했겠는가 하는 데에는 작자뿐 아니라 독자도 함께 의문을 가져보게 됩니다.

따라서 이씨의 최후를 둘러싼 의문을 풀이해보자면, 이씨는 살아서 보냈던 3년 동안 매일 매일 죽음을 연습하듯 살아왔던 것이라 볼 수 있습니다. 사람으로서의 모든 것을 하나씩 포기하고 단절해가는 삶 즉, 남편이 죽은 이후로 3년 동안 '이미 죽은 사람'으로서 하루하루를 연장해 왔다고 할 수 있어요. 남편이 죽은 뒤로 이씨가 살아 있던 시간은 살아 있어도 결국 죽은 것이나 같았다는 말입니다. 그렇기에 죽는 날 아침에는 이씨의 모든 체력과 정신력이 소멸 직전의 상태였을 것이고, 마지막 안간힘을 짜내어 자신의 몸을 가지런히 하고 주변에 인사를 남긴 뒤 고통 없는 편안한 죽음을 맞이했던 것이 아닐까요.

이옥이 던져둔 '거짓말 같은 죽음'은 결국 이씨가 스스로를 이미 죽은 사람으로 자처하고 혼자서 버티고 견뎌낸 시간을 상상해 보도록 합니다. 자신을 '이미 죽은 사람'으로 여기면서도 이씨는 자포자기나 무력감과는 거리가 먼 삶을 살았어요. 오히려 그 반대로 너무도 치밀하게 죽음을 계획해왔다고 할 수 있지요. 또한, 죽기로 작심을 한 상황에서도 자기에게 주어진 모든 소임 즉, 시댁에 소속된 존재로서 때로는 며느리, 때로는 시누이 등등 각각의 역할에 충실했을 것입니다. 특히 시부모를 봉양하는 것은 이씨의 삶을 더욱 소진시키고 단축시키는 행위이지만 아마도 이씨는 더욱더 가열차게 효양에 힘썼을 것입니다. 자기 자식을 스스로 절연하는 것과 시부모를 효양하는 것은 이씨에게는 결국 똑같은 일이기 때문입니다.

이미 죽은 사람이면서도 산 사람으로서의 도리를 다하며 계획적으로 살았던 이씨의 모습은 얼핏 이해하기 힘든 모순처럼 보이기도 합니다. 그러나 제 속에서 낳은 피붙이를 멀리하면서까지 이미 정해진 죽을 날만을 기다리며 하루하루를 살아낸 것은 사실 하루하루 죽어간 것이나 다름없습니다. 이옥은 그처럼 예정된 죽음까지 유예된 시간 속에서 이씨가 홀로 분투하며 느꼈을 외로움과 처절함, 그 일련의 고통에 각별한 관심을 환기하도록 유도하고 있는 것입니다.

이제 마지막으로 짚어볼 점은 이옥에게 남은 마지막 의문 즉, '이 여자는 왜 꼭 이렇게까지 해야만 했는가'입니다. 신분상으로 이 여자는 꼭 이럴 필요까지는 없지 않는가 하는 본질적인 질문을 담아두면서 이옥은 다음 작품, 그 다음 작품을 이어간 것으로 보입니다. 그리고 이러한 확장성이 동일하게 적용된 사례가 바로 「수칙전守則傳」입니다.

> 도성 밖의 구석진 곳에 두 여인이 살았는데, 한 사람(이모)은 쑥대머리를 하였으며 다른 한 사람(조카)은 방 안에만 칩거하여 모습을 알 수 없었다. 항상 사나운 개 십여 마리가 집을 지켰으며 여인(조카)은 문을 걸어 잠그고 지냈다. 이웃들이 실화失火하여 집에 불길이 옮겨 붙어도 여인(조카)은 나오지 않았다. 한 노파가 방 안을 몰래 살펴보니 이불을 덮어쓰고 누워있는 모습만 보였고, 또 다른 한 여자가 억지로 뒤를 밟아 물으니 여인(이모)은 자신들이 '궁에서 나왔다'고 했다. 이후 사람들은 여러 풍문을 만들어냈지만 끝내 방 안의 여인(조카)에 대해 알 수 없었다. 정조 임금이 이 여인(조카)의 사연을 듣고서 정려문을 세워주고 여인을 수칙에 봉했다.
>
> 수칙이 방 안에서 홀로 견딘 삼십 년은 눈물이 흐르지 않는 날이 없는 고통의 연속이었을 것이나 이를 알아챈 사람이 없었다. 수칙이 남성이었다면 충신, 열사를 능가하는 행적을 남겼겠지만, 그는 여성이기에 고통을 감내하는 것으로써 큰 어려움을 시험당했다.

수칙이란 인물의 사연은 보통 사람의 평범한 행적이라고 보기는 어렵습니다. 철저하게 베일에 싸인 수칙의 삶은 그저 '알 수 없었다'는 표현의 반복으로 미루어서 그 고립과 단절의 정도를 짐작해야 하기 때문입니다. 단, 홀로 방 안에 있는 수칙의 모습은 '홑이불을 둘러 덮고서 벽을 향해 누워있었다'와 같은 목격담을 통해 구체화되어 있습니다. 이 대목에서 이옥은 '잠긴 방문의 안에서조차 그 얼굴을 함부로 드러내 보인 적이 없을 것'이라는 말을 부연해 두었습니다. 이옥은 이처럼 방 안에 감추어져 그 실체를 알 수 없었던 수칙의 모습을 적극적으로 추측하면서 이 인물이 유폐된 실상을 심각하고 진지하게 그려내려 한 듯합니다. 이옥이 상상한 수칙의 삶은 어느 누구와도, 심지어 하늘과도 소통하지 않고 철저하게 고립을 자처한 상황에서 자기 자신을 끊임없이 극단으로 내몰아간 인고의 과정인 것이지요. 따라서 이러한 이옥의 시선은 이 작품 전반에 애잔한 정서를 감돌게 하며 수칙을 향한 그의 연민을 감지할 수 있는 중요한 단서가 됩니다.

이렇듯 애상과 연민의 정서를 드리워 수칙의 삶을 바라보고자 했던 이옥은 또 하나의 독특한 삽화를 통해 자신의 입전의도를 내비칩니다. 앞서 제시한 줄거리에는 생략했지만 이 작품의 원문을 보면 바깥 여인 즉, 수칙의 이모는 장에서 새우와 물고기를 보면 반드시 남다른 행동을 했다는 일화가 있습니다. '새우와 물고기를 사서 연못물에 놓아주고는 그 곁에서 바라보다 탄식하고 간다'는 대목입니다. 이것은 다분히 비유적인 서술이기 때문에 그 의미를 파악하기가 쉽지 않습니다. 다만, 새우와 물고기라면 아주 작고 여린 생명체죠. 그러니 우선 수칙의 이모는 시장에 팔려나온 작은 생명을 보면 굳이 그것을 사서 다시 물에 풀어주었으므로 남다른 측은지심을 가진 사람으로 보이네요. 물에 풀어주고도 못내 안타깝게 지켜보다 돌아간다고 했으니 더욱 그 성정을 알 만합니다. 그런데 연못蓮池은 물이 흐르지 않고 고여 있는 공간이니 곧 폐소閉所의 상징이네요. 바로 여기서 모순이 발생하며, 수칙의 이모가 탄식한 이유도 여기에 있을 것입니다. 이모는 물고기를 풀어준 사람이지만, 한편으로는 그 생명을 연못에 가둔 셈이기 때문이죠.

연못물에 갇힌 작고 여린 생명을 '방 안에 유폐된 수칙'의 메타포로 읽는다면, 이 삽화는 그 이모가 수칙에게 가졌을 모종의 죄책감과 연민의 표식이 아닐까 합니다. 과거부터 현재까지 수칙의 유일한 보호자 역할을 해오고 있는 이모로서는 애초에 자신이 어린 수칙을 궁에 데리고 들어갔던 데에서 모든 일이 비롯되었다고 자책하며 살아가는 것일 수 있지 않을까요? 이옥은 이처럼 때로는 수칙 이모의 내면까지 세심하게 가늠해 보면서 수칙의 삶을 깊숙이 들여다보려 합니다. 이것은 수칙이라는 인물을 입전한 또 다른 작가들이 예컨대 '수칙은 병든 미치광이 같아 시집가지 못할 여자로 불렸다'는 식의 단편적인 시선과는 확연히 다르지요. 오히려 그런 식으로 수칙을 괴롭혀온 수많은 곡해와 몰이해를 바로잡기라도 하듯 수칙의 삶을 애처롭게 바라봅니다.

다만 '궁에서 나왔다'는 정보를 단초로 실제 원문에서는 구체적으로 언급해둔 정조의 전교를 통해 수칙의 삶은 비로소 좀 더 구체적으로 드러납니다.

> 신해년(1791, 정조15) 7월에 임금은(중략) 다음과 같은 전교를 내렸다. "올 봄에 오부에서 혼인을 권하는 일로 인하여 도성 서쪽 밖에 한 처녀가 바야흐로 삼십 년을 홀로 지냈다고 들었다. 그 뒤로 내가 밤마다 잠을 이루지 못한 것이 오래되었다. 최근 늙은 궁인을 보내 살펴보니 그 여인의 나이는 마흔여섯인데, 시중으로 이모를 따라 액정에 들어와 은총을 입었으나 그를 알아보는 사람이 없었고 얼마 뒤 다시 (이모를) 따라 궁 밖으로 나갔다는 것이다. 궁에서 나간 지 지금 삼십 년이 되었는데 사람도 보지 않고 하늘의 해도 보지 않은 채 스스로를 방 안에 유폐하여 용변을 볼 때에도 밖으로 나가지 않았으며 마을 사람들이 불로써 시험해도 나오지 않았다. 내가 이미 그 상세한 사정을 알게 되었음에 정려문을 세워 장려하고자 하는데 어떠한가?" 승상 이하의 관리들이 모두 놀라 차탄하여 드디어 종이품의 수칙을 봉하였고 그날로 정려문을 세웠다. 방안에 있던 여인이 지금의 수칙이며, 밖에 있던 여인

이 그의 이모이다.

밑줄 친 부분을 통해 알 수 있듯이 수칙은 어린 나이에 시중으로 궁에 들어왔다가 우연히 성은을 입었으나 궁에 남지 못하고 곧 출궁하여 무려 30년의 세월 동안 유폐된 삶을 살았습니다. 성은을 입고도 궁에 남지 못한 수칙의 기구한 이력은 '출궁한 해를 헤아려보니 계미년 한 해 전이다'는 서술을 통해 그 연유를 짐작해볼 수 있습니다. 계미년은 1763년으로, 그 한 해 전인 임오년(1762)에 사도세자가 뒤주에 갇혀 죽는 사건이 발생했기 때문입니다. 즉, 수칙은 사도세자와 짧은 인연을 맺었던 인물이었기에 사도세자가 죽은 뒤 곧 궁을 나올 수밖에 없었다고 하겠습니다.

수칙이 이처럼 사도세자와 관련 있는 인물이라는 점은 수칙의 삶을 이해하는 데에 매우 결정적인 배경이 되는데, 이는 사도세자라는 인물이 가진 역사적 특수성과도 필연적으로 연계될 수밖에 없습니다. 실제로 〈정조실록正祖實錄〉에서 수칙의 정려를 논의한 대목을 살펴보면, 정조를 비롯해 그 의론에 참여한 모든 이들의 조심스러운 태도가 확인됩니다. 특히 정조는 사도세자의 아들로서 부친의 성은을 입은 여성을 언급하는 것은 곧 부친에 대한 직간접적 언급이 될 수 있기에 밤잠을 설쳐가며 오랜 시간 고뇌했음을 알 수 있습니다. 또 한 대신이

'이 일은 민간의 일과 달라서 정문을 세우는 것은 가볍게 의논하기 어렵습니다'고 발언한 기록이 있는데 여기서도 이 사건을 바라보는 예민한 시선이 확인됩니다. '민간의 일과 다르다'는 말에는 수칙의 경우 여염집 아녀자 중에 열녀를 가려 칭하는 사례가 아니라는 것, 더욱이 사도세자의 여인이라는 점에서 그 중대성을 매우 신중하게 고민해야 한다는 뜻이 내포되어 있기 때문입니다. 즉, 국왕과 대신들이 수칙의 일을 의논하던 당시는 사도세자에 대한 역사적 평가가 재론되는 것조차 꺼려지던 민감한 시기였기 때문에 그런 사도세자에게 열을 바친 여성을 어떻게 평가할 것인가 하는 문제도 극도로 조심스러울 수밖에 없었다고 할 수 있습니다.

그러나 이와 같이 당시 사회에서 사도세자라는 인물이 가졌던 특수성을 감안하고 수칙의 삶을 다시 들여다보더라도, 수칙이 '죽은 사람처럼 살기'로 결심한 것은 분명 남다릅니다. 출궁 당시 수칙이 사도세자의 정인이라는 사실은 아무도 몰랐기 때문에 어린 나이였던 수칙은 자신이 마음먹기에 따라 얼마든지 평범한 미혼으로 살아갈 수도 있었겠지요. 하지만 수칙은 '평범하게 살 수 없다'고 판단했고, '평범하게 살지 않겠다'고 스스로 결심했습니다. 또한 이 결심은 '바로 따라죽을 수 없다 혹은 바로 따라죽어서는 안 되겠다'는 판단의 결과이기도 할 것입니다. 수칙이 사도세자를 따라 곧장 죽었다면 사도세자는 다시 세간의 입에 오르내리게 될 수밖에 없고, 그와 같은 방식으로 자신과 정인의 내력이 온 천하에 드러나는 것을 수칙은 원치 않았을 것입니다. 또한 자신이 만약 드러내 놓고 수절을 한다면 그 선택에 대해서도 무성한 뒷말, 이를테면 '제 한 목숨 버려 집안 식구들이 잘살길 바라고 희생하나?' 하는 식의 혐의를 받으리란 걱정도 컸을 것입니다.

그렇기에 그는 없는 사람처럼 사는 삶을 살기로 마음을 고쳐먹었을 것이고 이에 수십 년의 세월 동안 사실상 죽은 사람으로 스스로를 유폐시키며 처절한 고통 속에서 보이지 않게 살아왔습니다. 그런데 더욱 비극적인 것은 '보이지 않게' '죽은 듯이' 살아왔음에도 오히려 그러한 점 때문에 흥미로운 대상으로 비쳐지면서 수칙은 주변의 호기심에 끊임없이 시달려야 했다는 사실입니다. 그럴수록 더욱더 혹독하게 자신을 유폐시킬 수밖에 없었을 것이며, 특히 '사람도 보지 않고 하늘의 해도 보지 않은 채 스스로를 방 안에 유폐하여 용변을 볼 때에도 밖으로 나가지 않았다'는 표현에서는 수칙이 겪었을 고통이 생생하게 전해지기도 합니다.

그런데 이옥은 이러한 서술에 이어서 곧바로 정려의 절차와 결과를 덧붙입니다. 수칙이 견뎌낸 자기학대의 결과를 당시의 국왕과 관료들이 논의하는 장면을 통해 우선적으로 보여주는 것입니다. 그러나 이처럼 수칙이 정려받았다는 사실을 촉급하게 제시하고 마는 데에는 그만한 이유가 있어 보입니다. 이옥의 관점에서 보기에 그와 같은 결과로서의 열烈은 특별히 더 언급할 만한 가치가 없다거나 혹은 더 이상 언급하고 싶지 않다는 의미로 해석되기 때문이죠. 그렇다면 이 작품에서 이옥의 시선이 향하는 곳은 어디인가요. 그것은 우선 결과로서의 열에 가려진 어떤 이면임에는 분명한 것 같습니다.

이 작품의 사평 단락을 보면 예컨대, 수칙을 기록한 다른 입전자들이 수칙을 두고 '충직하고 지혜롭다'는 식의 구태의연한 말로 그의 열을 칭송하는 점과는 다른 점이 분명히 드러납니다. 이옥은 열이 아닌 다른 어떤 것 이를테면 수칙이 죽은 사람으로 살아야 했던 그 수십 년의 세월에 대한 애달픔, 연민, 공감 등을 사평에 암시하려는 듯합니다. 작품의 처음과 끝에 반복적으로 제시되고 있는 총 네 단락의 사평부는 직접 확인해 보겠습니다.

> 사평(1) 외사씨는 말한다. 눈은 반드시 희고, 옥보다 반드시 못한 것만 아닌데, 사람들이 옥만 귀하게 여기고 눈을 쳐주지 않는 것은 그 희고도 오래갈 수 있음을 취한 것이기 때문이다. 「주역」에 이르기를, "길이 곧은 것이 이롭다"고 했다.

> 사평(2) 외사씨는 말한다(중략) 사람이 일에 있어서 살기는 어

렵고 죽기는 쉬운 것이니 창졸간에 한 치의 뾰족한 칼날과 한 잔의 독한 약을 마시는 것은 의가 있음을 알 뿐이요, 몸이 있음을 알지 못하는 것이다. 무릇 혈성이 있는 자는 모두 한 번에 죽음에 이른다. (그러나) 하루에도 만 번 변하는 마음을 가지고 두려워하지 않고 후회하지 않으면서 마치 산악이 땅에 뿌리박혀 있는 것처럼 의연하게 수십 년 동안을 한결같이 한다. 이는 살아 있는 세월이 곧 죽어 있는 날들이니, 그 어려움을 어찌 한 번 죽는 것에 비할 수 있겠는가? 이런 까닭으로 "살기는 어렵고 죽기는 쉽다"고 하는 것이며, 사는 것을 오래 지속함이 더욱 어려운 일이다.

사평(3) 외사씨는 말한다(중략) 가만히 마음으로 추정해보건대, 사람을 보지 않고 하늘과 해도 보지 않았다는 것은 눈물이 반드시 하루라도 줄줄 흐르지 않은 날이 없어서였을 것이다. 웃어도 반드시 이를 드러내기에 이르지 않았을 것인데, 하물며 빗질하고 목욕하는 데 있어서겠는가?(중략)이는 억지로 남의 이목을 의식하여 한 것이 아니요, 마음에서 우러나와 일로 드러난 것이다. 대궐문을 나온 이래 어느 날인들 은혜를 잊을 수 있었겠으며, 어느 날인들 고통을 잊을 수 있었겠는가? 삼십 년은 한 세대인데 정절을 한결같이 하기를 하루처럼 했으니 사람으로서 마음을 굳게 잡는 일이 또한 큰 어려움이 아니겠는가! 난꽃 핀 골짜기에서 향기가 나고, 구슬 잠긴 못에서 무지개가 솟아나기 마련이니, 그의 정절이 세상에 알려진 것은 진실로 그가 원한 바가 아니면서도 그렇게 된 것이다. 생각건대, 월암 근처에 밤마다 분명 하얀 기운이 열렬하게 솟아 달과 별까지 뻗친 것이 오래였을 것이다. (그런데) 애석하게도 그 기운을 보고 그를 찾아가서 인사를 올린 자가 없었다. 아아!

사평(4) 외사씨는 말한다(중략) 수칙이 세상에 대해 끼친 바가 적지 않지만 나는 이에 오히려 유감을 가진다. 만일 그가 여인이 아니라 사내로 태어나 불행히도 국난을 당했다면, 모름지기 배를 가르고 창자를 꺼내어 그 충적을 드러내지 않았을까? 아니면 대궐 섬돌에 이마를 찧어 돌과 함께 부서지지 않았을까? 또는 슬픔과 원망을 이기지 못해 통곡하고 피를 뿌리며 죽지 않았을까? 만일 옛날의 충신열사가 되었다면 남들이 할 수 없는 일을 진실로 넉넉히 행하고 남았으리라. (그런데) 도리어 이불 한 장을 머리에 뒤집어쓰고 방 한 칸에 그림자를 가두고서 삼십 년 동안 울음을 삼켰단 말인가? 어쩌면 살아서 절개를 지킴은 어렵고 죽음으로써 절개를 지킴은 쉽기 때문에, 하늘이 지극한 정절貞節과 지극한 열烈의 기운을 저기(남성)에 모으지 않고 여기(여성)에 모이게 하여 아주 어려운 일로부터 그를 시험해본 것인가? 아, 슬프다!

우선 사평(1)과 (2)에서 가장 주목할 글자는 '오랠 구久'가 아닐까 합니다. (1)에서 사람들이 눈보다 옥을 더 귀하게 여기는 이유를 "옥이 더 희고 오래 간다"는 점을 들어 말한 대목이 눈길을 끕니다. (2)에서는 "살기는 어렵고 죽기는 쉽다"는 말을 강조하면서 그 말을 다시 "사는 것을 오래 지속함이 더욱 어렵다"고 부연하여 풀이합니다. 따라서 '오랠 구久'가 등장하는 대목을 중심으로 사평 (1), (2)의 내용을 요약하면 무언가를 '오래 지속하는 일'이란 매우 어렵고 그렇기에 그 어려운 일을 해내는 존재는 귀하다는 말이 되네요. 즉, 창졸간에 죽음을 택한 수많은 사람들이 눈이라면 오랜 세월을 인내하고 버텨낸 수칙은 옥처럼 귀한 존재라는 비유가 되겠습니다.

이어서 사평(3)의 경우, 밑줄로 표시한 부분들을 중심으로 요약해 보면 수칙은 출궁 이후 하루도 눈물을 흘리지 않은 날이 없었기에 차마 방문 밖으로 나설 수 없었을 것이라는 조심스러운 추측을 합니다. 그렇기에 두문불출한 행위는 곧 진심에서 우러난 것이지 남의 이목을 의식하여 자신의 수절이 알려지길 바란 것이 아니었다는 점을 강조합니다. 그러면서 이와 같은 수칙의 진정한 속내는 정작 아무도 몰랐으니 안타깝고 애석하다는 탄식으로 갈음하고 있습니다. 다시 정리하면, 사평(3)

은 조심스럽고도 신중한 태도로 가늠해 본 수칙의 진심에 방점이 있는 것으로 보입니다.

마지막으로 사평(4)에서는 수칙이 여성이었기 때문에 꼭 이런 방식(자기를 죽이는 방식)으로 견뎌야 했던 것이 아니었을까 하는 점을 강력하게 언급합니다. 또한, 정작 본인은 정려를 원한 것도 아닌데 자신의 본모습, 본질에는 주의를 기울이지 않고 사회적인 명명(열녀)만 부여하면서 결과만 보려하는 세태. 이런 세태가 잔혹하다고 직접 평하지는 않았지만 국가, 사회적으로 원만한 통치를 위해 수단으로 활용되는 차가운 이념으로만 남게 된다는 점을 넌지시 토로하고 있습니다. 즉, 열녀라는 칭찬을 받기에 이르기까지의 과정(외로움, 고통)에 대한 무관심에 이옥은 시선을 두고 있는 것입니다. 실제로 자신이 직접 겪어봐야만 알 수 있는 고통(찔려봐야만 아는 고통)에 대한 깊은 연민과 공감이 바로 이옥의 주정서라고 할 수 있습니다. 그러나 이러한 추정은 이옥이 충효열을 다룬 다른 작품들을 전체적으로 살피면서 결론을 도출해야 설득력이 갖춰질 수 있을 것입니다.

한편, 보통의 전 갈래와는 다르게 위에서 보듯이 '외사씨는 말한다(외사씨왈外史氏曰)'가 여러 차례 반복되어 나타나는 이 작품은 사실상 사평부가 수칙의 내력이 담긴 본문을 압도하고 있다는 인상마저 줍니다. 인물의 내력이 간결하게만 제시된 본문과는 달리 본문의 앞뒤로는 온통 사평이 포진되어 있기 때문인데요, 이른바 모던한 글쓰기를 지향했다고 할 수 있는 이옥이 이처럼 사평부의 투식을 반복한 이유는 무엇일까요.

우선은 네 차례나 반복된 '외사씨왈外史氏曰'을 좀 더 구어적 어감을 살려 번역해 볼 필요가 있어 보입니다. '외사씨는 말한다'와 같은 평이한 번역만으로는 이옥의 의도를 파악하기 힘들기 때문입니다. 따라서 예컨대, '내가 말하자면-내가 또 말하자면-내가 다시 한번 말하지만-내가 정말 간절하게 말하는데'와 같은 식으로 논평자인 이옥의 감정이 점차 격앙되고 있다는 점에 유의하면서 점층적인 해석을 시도해야 할 듯합니다. 이렇게 놓고 보면 점층적으로 반복·확장되는 사평은 결국 이옥 자신이 간절하게 말하고 싶은 무언가가 있다는 방증이라고 할 수 있습니다. 즉, 당시 이옥의 답답한 심경이 이런 방식으로 표출된 것이 아닐까 하는데요, 그렇다면 무엇이 이토록 이옥을 괴롭게 한 것일까요.

「열녀이씨전烈女李氏傳」의 이씨는 죽은 남편을 곧장 따라죽지 않고 얼마간 죽음을 유예한 채 고통스럽게 살다간 여인입니다. 남편이 죽은 뒤 임신 사실을 알게 되어 뒤늦게 출산을 했지만, 아이를 낳은 후에는 양육에 개입하지 않으려 애를 쓰며 남편을 따라죽으리란 결심을 이어갑니다. 즉, 이씨는 해산 이후의 본능적인 수유조차 거부한 채 마치 죽은 사람처럼 살았습니다.

그렇게 죽은 듯이 살아야 했던 시간을 견뎌낸 끝에 마침내 남편의 3년상을 마치는 날이 되자 이씨는 거짓말 같은 죽음을 맞이합니다. 이처럼 물질이 산화되듯 소멸해간 이씨의 죽음을 꽤 강조해 전달하면서 이옥은 어떻게 이런 죽음이 가능할 수 있었는지, 과연 이씨는 혼자서 어떤 시간들을 견뎌왔을지 상상해 보도록 했습니다.

작자 이옥의 이러한 시선을 좇아본 결과, 이씨는 이미 죽은 사람이면서도 한편으로는 산 사람으로서의 도리를 다 하며 살았으리라는 추측이 가능했습니다. 죽은 듯이 살아가는 와중에도 시가에 속한 존재로서의 소임 즉, 밥을 짓고 청소하고 빨래하는 등의 집안 살림을 도맡아야 하는 며느리로서의 본분에는 충실했을 것이라는 얘기입니다. 더욱이 이씨는 죽기로 결심한 직후부터 죽음을 실행하기까지 유예된 시간 내내 자기 자신의 거처나 음식에는 신경 쓰지 않고 베옷을 입은 채 풀떼기를 깔고서 지냈다고 했습니다. 그러니 그와 같이 피폐한 몸상태로 며느리의 소임을 다 해낸 이씨는 결국 모든 기력이 소진될 수밖에 없었을 것이고, 이에 산화하듯 소멸했다고 보았습니다. 이처럼 이씨가 하루하루 살아낸 것이 결국은 하루하루 죽어간 것이었다는 역설을 통해 이옥은 이씨의 삶에 대한 연민을 내비칩니다. 이미 예정되어 있는 죽음까지 유예된 시간 속에서 이씨가 홀로 번뇌하며 느꼈을 처절한 고독에 깊이 공감하고 있는 것입니다.

이러한 공감과 연민의 정서는 바로 다음 작품인 「수칙전」에서 더욱더 증폭됩니다. 「수칙전」의 이씨는 사도세자와 하룻밤의 인연이 닿은 이후로 30년의 세월을 스스로 유폐한 채 살았던 인물입니다. 이 인물을 입전한 다른 작품들과는 달리 이옥의 시선은 수칙이 홀로 견뎌낸 30년의 시간 속에 머무르고 있었습니다. 30년의 세월동안, 집에 불이 붙어도 밖으로 나오지 않고 급기야는 방 안에서조차 이불을 뒤집어 쓴 채 하늘도 올려다보지 않았던 극단적인 고립과 단절로 점철된 수칙의 삶. 이옥은 결과로서의 열 이전에 한 여성이 어떤 방식으로, 얼마나 처절하게 자신의 삶 전체를 던져 번뇌하고 인내했는지를 끊임없이 환기하려 했습니다.

결국 이옥은 「열녀이씨전」과 「수칙전」의 두 이씨 여인을 통해 죽은 자보다 못한 산 자들의 삶을 보여주었다고 할 수 있습니다. 죽기로 결심한 뒤 단번에 결행하여 (쉽게) 죽어버린 자보다 죽음을 결심하고서도 갖은 고통 속에서 오래도록 견디는 삶을 '살아낸 자'들을 더욱 각별한 눈으로 바라보았던 것이지요. 두 여인이 살아내야 했던 '견디는 삶'에 수반될 수밖에 없는 혹독한 고독과 번뇌를 작자 이옥은 상당히 밀착된 거리에서 공감하며 헤아리려 했던 것 같아요. 그리고 이것은 아마도 이옥 자신이 불우하고 소외된 삶을 자처한 채 한평생을 살았던 인물이었다는 점과 무관하지 않을 것입니다. 그렇기에 열녀들의 삶은 절제하고 압축하여 보여준 데에 비해 이옥 자신의 감정은 꽤 장황하게 토로하는 듯한 대목이 있었습니다. 독특하게 반복된 사평들을 통해서 확인되듯이 이 열녀들의 삶을 통해 이옥은 무언가 말하려는 바가 매우 많고 복잡해 보였기 때문입니다.

그러나 정작 그가 내뱉고 싶은 진정한 속내가 무엇인지는 분명하게 드러나지 않습니다. 할 말이 많은 듯 보이면서도 정확히 무슨 얘기를 하려는 것인지는 오히려 더욱더 숨겨두고 있는 것만 같았지요. 열녀들에게 보내는 공감과 연민의 시선을 따라가는 과정에서 이옥이 자기 삶의 답답함과 울분을 그들에게 투영하고 있다는 짐작은 가져볼 수 있었지만, 이를 확언을 할 수 있을 만큼 결정적인 대목은 찾기 힘들었습니다. 다시 말해, 이옥은 두 열녀의 삶을 통해 자신이 느낀 감정을 독특한 분위기와 파격적인 형식으로 드러내면서도 자신이 진정으로 쏟아내고 싶은 메시지는 더욱더 응축한 채 다음 작품으로의 확장과 폭발을 예고하고 있는 듯합니다.

즉, 이옥은 이 여성들의 삶을 강력하게 연민하고 공감하면서 '이 여성은 왜 이렇게까지 해야만 했을까', '대체 이념이란 무엇이며 그것이 인간의 삶에 왜 이런 영향을 미치는가'와 같은 문제 제기를 한 셈입니다. 문면에 구체적으로 드러내지는 않았지만 독자에게 자신의 연민과 공감의 시선에 동조하게 하면서 독자로 하여금 질문을 하도록 유도한 것이지요.

풍문이 아니라 '서사'입니다

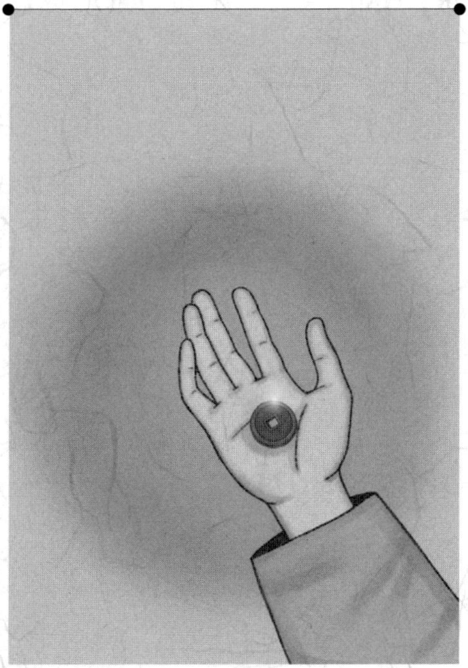

풍문이 아니라 '서사'입니다

박지원朴趾源과 이옥李鈺은 18·19세기의 문학사에서 그동안 연구자들의 관심을 가장 뜨겁게 받아 온 작가라고 해도 틀리지 않을 것입니다. 그렇기에 두 작가의 삶이나 작품과 관련해서는 이미 다양한 논의들이 축적되어 있다고 할 수 있는데요, 그러나 기왕의 논의는 대체로 두 작가를 따로 다루면서 각 작가에 대한 심층적인 논의를 시도하는 방식으로 수렴되고 있는 면이 있습니다. 이 글에서는 이옥이 열녀에게 내비쳤던 '공감적 시선'을 연장하는 맥락에서 박지원이 기록한 열녀 인물전을 살펴보려 합니다. 바로 「열녀함양박씨전烈女咸陽朴氏傳」인데요, 이 작품은 우선 여느 인물전과는 달리 독특한 구성을 보입니다. 오늘날까지 작가의 입전의도와 작품의 주제의식를 두고 분분한 해석이 존재하는 것은 바로 그처럼 박지원의 남다른 글쓰기 방식에서 기인하는 면이 크다고 할 것입니다. 그런 점을 감안하면

서 이 작품의 전체 서사단락 및 구조를 상세하게 정리하면 다음과 같습니다.[1]

도입부 ①서언(1)-총서: "열녀는 지아비를 두 번 얻지 않는다."는 말은 평민들을 위하여 만들어 놓은 것이 아니지만, 백성들이 교화에 무젖어 과부로 수절하는 풍속을 이루었다. 심지어 남편을 따라 죽기까지 하니 열녀는 열녀지만 어찌 지나치지 않은가!

②서언(2)-수절과부담: 예전에 이름난 벼슬아치 형제가 있었는데 그들이 한 과부의 허물을 지적하며 그 자식의 벼슬길을 막으려 하자 이를 들은 그 어머니가 '엽전'을 꺼내 보여주며 말했다. "이것은 내가 죽음을 참아 낸 부적이다. 10년을 손으로 만졌더니 다 닳아 없어진 것이다. 혈기가 때로 왕성해지면 어찌 과부라고 해서 감정이 없을 수 있겠느냐? 그럴 때면 나는 이 엽전을 꺼내 굴려서(중략) 내가 이것을 20여 년 동안이나 간직해 온 것은 엽전의 공로를 잊지 않으며 때로는 스스로를 경계하기 위해서였다." 말을 마치고서 모자는 서로 붙들고 울었다. 아! 그 모진 절개와 맑은 행실이 이와 같은데

---

1 원문 및 번역은 『이조한문단편집』, '한국고전종합DB'를 참조하되, 번역문은 가독성을 고려하여 부분적으로 다듬어 수록했습니다.

도 당시 세상에 알려지지 않고 이름이 묻혀 후세에도 전해지지 않은 것은 무엇 때문인가?

행력부 ③본전本傳-순절과부담: 내가 안의현감安義縣監으로 정사를 보던 이듬해 어느 날, 밖에서 탄식하고 슬퍼하는 소리를 들어 물으니 "통인通引 박상효朴相孝의 조카딸로서 함양咸陽으로 출가하여 일찍 홀로 된 이가 그 남편의 삼년상을 마치고(중략) 죽었습니다."하는 것이었다. 나는 길게 탄식하며 "열녀로다, 그 사람이여!"라고 하고 아전들을 불러 놓고 물으니, "(과부 박녀는) 열아홉 살에 출가하여 임술증林述曾의 처가 되었는데, 술증은 초례醮禮를 치르고 돌아간 지 반년이 채 못 되어 죽었습니다(중략) 시집가기 몇 달 전 '술증의 병이 심각하니 혼인 약속을 물리라.'는 말이 있었으나 박녀는 잠자코 대답하지 않았습니다(중략) 명색은 혼례식을 치렀다 하나 사실은 끝내 입혀보지 못한 옷만 지켰다고 합니다."고 했다.

논평부 ④사평: 슬프구나. 한날 한시에 따라 죽어 마침내 처음 뜻을 완수했으니 어찌 열녀라 아니 할 수 있겠는가.

이 작품은 위와 같이 전 갈래의 기본 서술 요소인 '도입부-행력부-논평부'로 크게 나눌 수 있습니다. 다만, 도입부가 일반적인 전에 비해 다소 장황하게 서술된 면이 있는데, 이를 다시 나누면 ①총서總序와 ②수절과부담으로 구분할 수 있습니다. 이에 따라 먼저 작품 전체를 여는 말로 볼 수 있는 ①총서 단락을 살펴봅니다. 전문을 예시하지 않아도 위의 요약 내용을 통해 충분히 확인되듯이 이 단락에서 박지원은 '극단적 열행이 하층민에게까지 유행하는 폐단'을 지적하고 있습니다. 그러나 그는 보편적 유행 풍조를 범범하게 비판하는 것이 아니라 철저하게 개인의 사례 즉, 과부 한 사람 한 사람의 곡진하고 내밀한 사연 속으로 깊게 침투합니다. 수절과 순절을 실천한 두 과부를 입전해 각각의 이야기를 들려주는데, 이와 관련해 여러 논의가 있으나 먼저 본전本傳에 해당하는 ③순절과부담을 읽은 후 서언의 ②수절과부담을 독해하는 편이 적절하리라 판단했습니다.

> ③내가 안의현감安義縣監으로 정사를 보던 이듬해 계축년(1793, 정조 17) 의 어느 달 어느 날 밤이 새려 할 무렵이었다. 내가 잠이 살짝 깼을 때, 마루 앞에서 몇 사람이 낮은 목소리로 소곤거리다가 또 탄식하고 슬퍼하는 소리를 들었다. (가)무슨 급히 알릴 일이 있는 모양인데, 내 잠을 깨울까 두려워하는 듯하였다. 그래서 내가 목소리를 높여, "닭이 울었느냐?" 하고 묻자 좌우에서, "이미 서너 머리 울었습니다."라고

대답했다. "밖에 무슨 일이 있느냐?" "통인通引 박상효朴相孝의 조카딸로서 함양咸陽으로 출가하여 일찍 홀로 된 이가 그 남편의 삼년상을 마치고 약을 먹어 숨이 끊어지려 하니, 와서 구환해 달라고 급히 연락이 왔사옵니다. 그런데 상효가 마침 숙직 당번이라 황공하여 감히 사사로이 가지 못하고 있습니다." 나는 빨리 가 보라고 명하고, 늦을녘에 미쳐서 "함양의 과부가 소생했느냐?"고 물었더니, 좌우에서 "이미 죽었다고 들었습니다."하는 것이었다. 나는 길게 탄식하며 **"열녀로다, 그 사람이여!"**라고 하고 나서 뭇 아전들을 불러 놓고 물었다. "함양에 열녀가 났는데, 본시 안의安義 출신이라니 그 여자의 나이가 몇 살이나 되고, 함양의 뉘 집에 시집갔으며, 어려서부터 심지와 행실은 어떠했는지 너희들 중에 아는 자가 있느냐?" 그러자 뭇 아전들이 한숨지으며 나아가 아뢰었다. "박녀朴女의 집안은 대대로 이 고을 아전입니다. 그 아비 이름은 상일相一이온대, 일찍 죽었고 이 외동딸만을 두었으나 어미 역시 일찍 죽어서 어려서부터 그 조부모에게서 자랐사온대 자식된 도리를 다하였습니다. (나)열아홉 살이 되자 출가하여 함양 임술증林述曾의 처가 되었는데, 그 시댁 역시 대대로 고을 아전입니다. 술증이 본디 약하여 한 번 초례醮禮를 치르고 돌아간 지 반년이 채 못 되어 죽었습니다. 박녀는 지아비상을 치르면서 예禮를 극진히 하였고, 시부모를 섬기는 데도 며느리된 도리를 다해 두 고을의 친척과 이웃들이 그 어짊을 칭찬하지 않는 이가 없었는데, 오늘 이러한 일이 있고 보니 과연 그 말이 맞습니다." 어느 늙은 아전이 감개하여 말하였다. (다)"박녀가 아직 시집가기 몇 달 전에 '술증의 병이 이미 골수에 들어 부부 관계를 맺을 가망이 만무하다 하니 어찌 혼인 약속을 물리지 않느냐.'는 말이 있었습니다. 그 조부모가 넌지시 박녀에게 일러 주었으나 박녀는 잠자코 대답하지 않았습니다. 혼인 날짜가 다가오자 여자의 집에서 사람을 시켜 술증의 상태를 엿보게 하였더니, 술증이 비록 용모는 아름다우나 노점勞漸(폐결핵)에 걸려 콜록콜록거리며 버섯이 서 있는 듯하고 그림자가 걸어 다니는 것 같았으므로, 집안에서는 모두 크게 두려워하여 다른 중매쟁이를 부르려고 하였습니다. 그러자 박녀가 정색을 하고 말하기를 '전날 재봉한 옷들은 누구의 몸에 맞게 한 것이며, 누구의 옷이라 불렀던 것입니까? 저는 처음 지은 옷을 지키기를 원합니다.' 하기에 집안에서는 그 뜻을 알고 마침내 기일을 정한 대로 사위를 맞이했으니, 비록 명색은 혼례식을 치렀다 하나 사실은 끝내 입혀보지 못한 옷만 지켰다고 합니다."

위의 순절과부담 단락은 기존의 많은 논의에서 검토되었듯이 박지원과 아전들의 문답으로 전개되는 점이 가장 큰 특징입니다. 이 점에 기초하되 ③ 단락의 구성을 크게 전반부와 후반부로 나누어 살펴봅니다. 먼저 전반부는 박열부가 자결을 시도한 데에서부터 목숨이 끊어졌다는 사실을 확인하기까지의 과정을 긴박하게 그려내는 방편으로 짧은 문답이 반복되고 있는 양상입니다. ③-(가)에서 보듯이 박지원은 '닭이 울었느냐', '무슨 일이 있느냐', '과부가 소생했느냐'와 같은 물음을 던지고 있으며, 아전들은 각각의 질문에 곧장 답을 하고 있습니다. 즉, 이 대목에서 박지원은 '밤이 새려 할 무렵'부터 '늦을녘'에 이르기까지 딱 하루의 시간 동안 생사를 달리하게 된 한 과부의 기구한 운명을 매우 압축적으로 보여줍니다. 그러나 구구절절한 설명 없이 이처럼 빠르게 전개되고 있음에도 독자에게는 마치 과부의 죽음을 실제로 전해 듣는 듯한 묘한 실감을 주는 대목이기도 합니다.

이어 과부의 죽음을 전해 들은 박지원은 곧장 '열녀로다!' 하고 탄식하는데 이 부분에 대해 기존 논의에서는 다른 견해가 있기도 하지만 여기서 우선 이를 박지원의 진심으로 봅니다. 다만 이와 관련해서는 뒤에 이어질 ④ 단락의 내용을 검토하면서 보다 자세히 후술하고자 합니다. 박열부에 대한 박지원의 태도와 평가는 본격적인 '사평'이 포함된 ④ 단락과 연계할 때 더욱 분명하게 드러나기 때문입니다.

한편, ③-(나)와 ③-(다)는 박열부의 가계 및 나이, 성품 등을 궁금해 하는 박지원의 질문에 아전들이 각각 답한 내용입니다. ③-(나)의 답변에 따르면 우선 박열부는 '아전의 딸'로 '열아홉'에 역시 '아전 집안'으로 출가했다는 점이 주목됩니다. 신분 계층이 거듭 언급된 것으로 보아 이 대목에서 박지원은 박열부가 '하층민'이었다는 점을 부각하려 했던 것 같습니다. 이어지는 대목에서는 '지아비상을 치르며 예를 극진히 하고 시부모를 잘 섬겨 친척과 이웃들이 칭찬했다'는 서술로 마무리됩니다. 또, ③-(다)는 시집가기 전 예비 신랑의 병증을 미리 알고 주변에서 혼사를 물리라고 성화였지만 박열부는 올곧게 지조를 지켰다는 점을 보여줍니다. 이러한 내용으로 볼 때 ③-(나)와 ③-(다)는 결국 여느 열녀전의 보편 공식에 잘 부합하는 답변이라 할 수 있습니다. 즉, 이처럼 아전들의 두 차례 답변이 길게 이어진 후반부는 박지원이 아전들의 입을 통해 박열녀의 삶에서 의미 있는 행력을 취해 들려주는 대목입니다. 다만 ③ 단락에는 박열녀에 대한 박지원의 직접적인 발언은 절제되어 있기 때문에 전술했듯이 이어지는 '논평부'를 더욱 치밀하게 살펴봐야 '순절과부담'의 전체적 의미가 보다 명료해질 것입니다.

> ④얼마 후 함양 군수인 윤광석尹光碩이 밤에 이상한 꿈을 꾸고 느낀 바가 있어 열부전烈婦傳을 지었고, 산청 현감山淸縣監 이면제李勉齊도 박녀를 위해 전傳을 지었으며, 거창居昌의 신돈

항愼敎恒은 후세에 훌륭한 글을 남기고자 하는 선비였는데, 박녀를 위하여 그 절의의 전말을 엮었다. 생각해 보면 박녀의 마음이 나이 젊은 과부가 오래 세상에 남아 있으면 길이 친척들이 불쌍히 여기는 신세가 되고, 동리 사람들이 함부로 추측하는 대상이 됨을 면치 못하니 속히 이 몸이 없어지는 것만 못하다고 하지 않았겠는가. 아! 슬프구나. 성복成服을 하고도 죽음을 참은 것은 장사 지내는 일이 남아 있었기 때문이요, 장사를 지내고도 죽음을 참은 것은 소상小祥이 있었기 때문이요, 소상을 지내고도 죽음을 참은 것은 대상大祥이 있었기 때문이었다. 대상이 끝났으니 상기喪期가 다한 것이요, 한날 한시에 따라 죽어 마침내 처음 뜻을 완수했으니 어찌 열녀라 아니 할 수 있겠는가.

위의 사평도 내용상 크게 두 단락으로 구분할 수 있습니다. 윤광석 등의 입전 사례를 언급한 전반부와 박녀의 내면에 이입하는 후반부가 그것입니다. 먼저, 전반부에서는 작자별로 입전 동기나 의도를 짐작하게 하는 서술을 짤막하게 부연하고 있습니다. 첫 번째로 윤광석에 대해서는 '이상한 꿈을 꾸고 느낀 바가 있어'라고 밝혀둔 것으로 보아 이 경우는 박녀의 열을 특이하거나 기이한 행력을 중심으로 입전한 사례임을 암시하고 있네요. 예컨대 한겨울에 강물에서 잉어가 튀어오르거나, 산에서 제철이 아닌 열매들을 우연히 얻는 등 초현실적인 열행의 징후가 드러난 사례인 것입니다.

두 번째 이면제의 사례는 특별한 부연이 없지만 앞의 윤광석과 마찬가지로 군수 혹은 현감이라는 직위를 분명히 제시한 것으로 볼 때 위정자로서 다분히 교조적인 취지에 따라 박녀를 입전한 경우라는 점을 말하려 한 것으로 보입니다. 마지막 신동항이란 인물은 '후세에 훌륭한 글을 남기고자 하는 선비'라는 말로 설명하고 있으므로 기록자로서 개인적인 관심에 따라 박녀의 삶을 다룬 사례라고 이해할 수 있습니다. 이처럼 세 작자의 입전 동기는 조금씩 같고도 다르게 보이는데, 박지원은 결국 이들을 모두 '이념의 재생산'에 일조하는 보편적 열녀전으로서 언급한 것이라 생각됩니다.

그렇다면 이와 같이 타인의 입전 사례를 언급한 뒤에는 '나는 이들과 어떻게 다르다'는 식으로 자신만의 입전 의도를 밝혀야 자연스러운 전개가 될 것입니다. 그러나 박지원은 타인의 입전 사례를 굳이 세 가지나 언급해두고서도 정작 자신이 입전 과정에서 무엇에 주안점을 두었는지는 전혀 언급하지 않고 있어요. 그 결과 세 사람의 사례를 언급한 서술부는 마치 쓸데없는 말을 늘어놓은 군더더기처럼 보이기까지 합니다.

그런데도 이 대목을 그대로 남겨두고서 대뜸 박지원은 박열부의 내면을 촘촘히 공감해주는 사유 과정을 보여주는 서술로

선회합니다. 밑줄 친 부분처럼 "생각하면 박녀의 마음이 어찌 이렇지 않았으랴!"부터 "어찌 열녀라 아니 할 수 있겠는가"까지 박지원은 내내 박열부의 심경을 깊이 헤아려주고 있습니다. 젊은 과부를 향한 세간의 '시선', 남편의 상례를 치르던 수년 간의 '시간'을 짚으면서 박열부가 홀로 감내해야 했던 정서적 부담과 끝없는 번민에 이입하고 있는 것입니다. 즉, 죽기를 결심한 이후로 남편의 삼년상을 마칠 때까지 유예된 기간동안 느꼈을 박열녀의 '고통'이 얼마나 컸을지, 특히 제대로 배움의 기회도 갖지 못했을 아전의 딸이 그만 가혹하게 스스로를 죽음으로 내몰았다는 점을 박지원은 애석하게 바라보고 있습니다.

그러므로 '박녀의 마음'을 헤아려 적고 있는 이 대목은 기존에 박열녀를 입전했던 다른 문인들과 자신의 차별점이 무엇인지 암시해둔 부분으로 읽을 수 있습니다. 이는 앞선 세 문인의 사례뿐 아니라 기존의 수많은 열녀전들까지 전반적으로 확장해 놓고 보더라도 박지원의 글에서만 남다르게 포착되는 지점입니다. 즉, 열부의 삶을 두고 죽었느냐 안 죽었느냐, 혹은 곧장 따라 죽었느냐 삼년상을 마치고 죽었느냐, 또는 자식을 얼마간 양육하고 죽었느냐 따위의 잡다한 시비 속에서 어느 것은 열이고 어느 것은 진정한 열이 아니라고들 하는데 박지원은 그런 소모적인 논란에는 관심이 없습니다. 그는 오로지 불과 십여 세의 어린 과부들이 스스로 죽기로 결심하고 그것을 실제로 결행하기까지 얼마나 혹독하고 끔찍한 '고통'과 '번민'의 세월을 혼자서 견뎌야 했겠는가 하는 점을 함께 아파하고 연민합니다.

그 진정한 몰입의 결과로 이 어린 과부(박열부)가 '정말 너무도 열렬하구나[豈非烈也]'라며 탄식했던 것이니 박녀의 삶을 열로 인정하지 않았다고 보기는 어려울 것 같습니다. 다시 말해, 기존의 열녀전은 대개 결과로서의 열에 대한 '평가'에만 열중하지만, 박지원은 그 결과에 이르기까지 과부가 홀로 감내하는 고통스러운 과정, 너무도 처절한 그 인고의 시간을 들여다보고 있습니다. 그렇기에 수많은 열녀전의 말미에 '열녀로다!'라는 탄식이 등장하지만 그것은 평가를 위한 일종의 투식성 발언에 가깝다면, 박지원의 말은 열녀의 고통에 대한 진정한 공감을 통해 자기도 모르는 사이 내뱉어진 찬탄이라는 점에서 분명 남다른 의미가 있습니다.

다만 박열녀를 안타까운 심정으로 추앙하고는 있으되 그것이 다른 열녀전의 귀결처럼 이런 식의 열행에 대한 권면으로 이어지지는 않습니다. 박지원은 박열부를 포함한 수많은 과부들이 왜 꼭 죽어야만 하는지, 이런 식은 너무 안타깝지 않은가 하는 반문을 스스로에게 던져본 듯합니다. 이에 만약 박열부가 죽지 않고 살기로 작정하고서 계속 삶을 이어갔더라면 어떤 삶을 살았겠는가 하는 상상을 더해보았을 것입니다. 죽지 않고 살아가는 열녀의 삶이란 아마도 시가에 홀로 남아 시부모를 봉양하며 며느리로서의 도의를 다하는 것은 물론이요, 자식이 없이 죽었으므로 양자를 입적해 시가의 대를 이었을 것이며, 자식이 장성할 때까지 물심으로 부양하며 어미로서의 역할에 충실해야 했을 것입니다. 박지원은 그와 같이 자신이 상상해 본 내용을 서사적으로 꾸며 형형하게 보여주는데 그 대목이 바로 서언에 길게 도입된 수절과부담(② 단락)이라 할 수 있습니다.

②예전에 이름난 벼슬아치 형제가 있었다. 장차 남의 청환淸宦의 길을 막으려 하면서 어머니 앞에서 이를 의논하자, 어머니는 "그 사람에게 무슨 허물이 있기에 이를 막으려 하느냐?" 하고 물었다. 아들들이 대답하기를, "그 윗대에 과부된 이가 있었는데 그에 대한 바깥의 논의가 자못 시끄럽기 때문입니다." 하였다. 어머니가 깜짝 놀라며, "그 일은 규방의 일인데 어떻게 알았단 말이냐?" 하자, 아들들이 대답하기를, "풍문風聞이 그렇습니다." 하였다. 어머니는 말하였다. (가)"바람이란 소리는 있으되 형체가 없다. 눈으로 보자 해도 보이는 것이 없고, 손으로 잡아 봐도 잡히는 것이 없으며, 허공에서 일어나서 능히 만물을 들뜨게 하는 것이다. 어찌하여 무형無形의 일을 가지고 들뜬 가운데서 사람을 논하려 하느냐? 더구나 너희는 과부의 자식이다. 과부의 자식이 오히려 과부를 논

할 수 있단 말이냐? 앉거라. 내가 너희에게 보여줄 게 있다." 하고는 품고 있던 엽전 한 닢을 꺼내며 말하였다. "이것에 테두리가 있느냐?" "없습니다." "이것에 글자가 있느냐?" "없습니다." 어머니는 눈물을 드리우며 말하였다. "이것은 너희 어미가 죽음을 참아 낸 부적이다. 10년을 손으로 만졌더니 다 닳아 없어진 것이다. 무릇 사람의 혈기는 음양에 뿌리를 두고, 정욕은 혈기에 모이며, 그리운 생각은 고독한 데서 생겨나고, 슬픔은 그리운 생각에 기인하는 것이다. (나)과부란 고독한 처지에 놓여 슬픔이 지극한 사람이다. 혈기가 때로 왕성해지면 어찌 혹 과부라고 해서 감정이 없을 수 있겠느냐? 가물거리는 등잔불에 제 그림자 위로하며 홀로 지내는 밤은 지새기도 어렵더라. 만약에 또 처마 끝에서 빗물이 똑똑 떨어지거나 창에 비친 달빛이 하얗게 흘러들며, 낙엽 하나가 뜰에 지고 외기러기 하늘을 울고 가며, 멀리서 닭 울음도 들리지 않고 어린 종년은 세상 모르고 코를 골면 이런저런 근심으로 잠 못 이루니 이 고충을 누구에게 호소하랴. 그럴 때면 나는 이 엽전을 꺼내 굴려서 온 방을 더듬고 다니는데 둥근 것이라 잘 달아나다가도 턱진 데를 만나면 주저앉는다. 그러면 내가 찾아서 또 굴리곤 한다. 밤마다 늘상 대여섯 번을 굴리면 먼동이 트더구나. 10년 사이에 해마다 그 횟수가 점차 줄어서 10년이 지난 이후에는 때로는 닷새 밤에 한 번 굴리고, 때로는 열흘 밤에 한 번 굴렸는데, 혈기가 쇠해진 뒤로는 더 이상 이 엽전을 굴리지 않게 되었다. (다)그런데도 내가 이것을 열 겹이나 싸서 20여 년 동안이나 간직해 온 것은 엽전의 공로를 잊지 않으며 때로는 스스로를 경계하기 위해서였다." 말을 마치고서 모자는 서로 붙들고 울었다. 당시의 식자識者들은 이 이야기를 듣고서 "이야말로 열녀라고 이를 만하다."고 했다. (라)아! 그 모진 절개와 맑은 행실이 이와 같은데도 당시 세상에 알려지지 않고 이름이 묻혀 후세에도 전해지지 않은 것은 무엇 때문인가? 과부가 의를 지켜 개가하지 않는 것이 마침내 온 나라의 상법常法이 되었으므로, 한번 죽지 않으면 과부의 집안에서 남다른 절개를 보일 길이 없기 때문이다.

비교를 위해 수절과부담(② 단락)은 앞서 살펴본 순절과부담(③ 단락)과 같이 전문을 예시했습니다. 각각의 인용문을 통해 확인할 수 있듯 두 단락의 서술 분량은 거의 대등합니다. 본전에 해당하는 순절과부담만큼이나 위의 수절과부담도 매우 장황하게 제시되어 있는 것인데요, 이에 따라 본전을 독해하는 방식과 같이 우선 ② 단락의 주요 대목을 꼼꼼하게 읽어볼 필요가 있겠습니다. 한편, 이미 많은 연구자들이 검토했듯이 ② 단락은 실존 인물을 대상으로 기록한 것으로 보기는 어렵습니다. 더러는 구비설화에서 일부 영향을 받았을 것이라 추측하기도 할 만큼 실기 자료에서 ② 단락의 수절 과부와 관련한 근거는 찾기 힘듭니다. 그렇기에 저는 이를 박지원의 '상상'을 통해 구현된 '이야기'에 가깝다고 봅니다.

이 이야기 속에서 가장 먼저 눈에 띄는 것은 풍문風聞에 대한 언급입니다. 과부는 대개 외부 활동을 자제하고 집안일에만 매진하면서 평생을 숨죽여 살아가기 마련이지만 그런 삶의 방식은 오히려 그들을 풍문의 대상으로 만들곤 하지요. 그처럼 언제라도 과부들은 확인할 수 없는 낭설의 '피해자'가 되기 십상이지만, 그런 환경 속에서 자신의 결백을 항변하거나 입증할 기회는 쉽게 부여받지 못합니다. 곧 풍문이란 과부의 삶을 둘러싼 외부 세계에서 과부를 겨냥해 쏘아진 화살과 같은 것이지만 과부들은 피할 도리 없이 그저 맨몸으로 날아드는 화살을 맞아야만 합니다. 박지원은 수절하는 과부를 괴롭히는 첫 번째 고통으로 바로 이러한 풍문의 잔혹함을 짚고 있습니다.

그러면서 풍문의 허황함에 대해서는 ②-(가)와 같이 과부의 목소리를 빌려 일침을 놓습니다. '형체가 없으니, 보이지도 잡히지도 않지만 능히 만물을 들뜨게 하는 것'이라는 경계, '무형의 일로 어찌 사람을 논하느냐'는 질책은 「호질虎叱」에서의 말하기 방식과 닮아있네요. 다만, 여기서는 비현실적 존재에 의탁하지 않고 직접 과부의 목소리를 통해 말하고 있습니다. 이는 현실 세계에서 과부들에게 주어지지 않던 항변의 기회를 이야기 속 인물의 입을 통해서나마 마련해주었다는 의미로 읽히기도 합니다.

이어 박지원은 수절하는 과부를 괴롭히는 또 다른 고통으로 과부 자신의 내면에서 발하는 '혈기'를 듭니다. "과부란 고독한 처지에 놓여 슬픔이 지극한 사람이다"로 시작되는 ②-(나)는 수절과부가 한 인간으로서 본능적으로 가지는 정욕과 혈기로 인해 겪게 되는 극한의 외로움을 들려주는 대목입니다. '가물거리는 등잔불'과 '처마 끝에서 떨어지는 빗물'이 그려내는 시공간의 세계, '달빛'이며 '낙엽', '외기러기'와 '코 고는 여종' 등이 불러내는 갖가지 심상들은 어느 누가 보더라도 두말할 것 없이 너무도 생생하고 아름다운 묘사로 완성되어 있습니다.

이처럼 감각적으로 탁월하게 꾸며진 이 대목은 그렇기에 '여성의 정욕에 대한 (최초의) 긍정'이라는 해석으로까지 나아가기도 했습니다. 물론 그와 같은 관점조차 무리라고 단정할 수 없을 만큼 표현 면에서 독자를 압도하는 대목이지만, 이 묘사의 방점은 결국 수절 생활의 처연한 외로움에 있습니다. 다시 말해, 박지원이 이처럼 수절 과부의 외로움에 절절하게 몰입하고 있는 의도는 고독이란 결국 고통으로 수렴되는 정서라는 점을 상기해 주려는 데에 있다고 할 것입니다.

더욱이 박지원은 과부가 자신의 고통이 끝났다고 판단했을 무렵 즉, '혈기가 쇠해진 뒤'까지를 이어 언급하면서 엽전의 쓸모가 다한 이후로도 그가 줄곧 엽전을 간직해온 이유를 "스스로 경계하기 위해서"였다고 첨언합니다. '경계'라는 말 속에는 수절자로서의 일상적인 긴장 즉, 끝나지 않는 고통의 굴레가 이미 포함된 것이겠지만, 이 대목은 곧 모자의 통곡으로 이어지며 한 차례 전환을 맞습니다. 박지원의 글에서 '통곡'은 종종 상대에 대한 이해와 공감, 깨달음의 기제로 등장하는데 여기서도 같은 경우입니다. ②-(다)에서 두 아들은 일평생 과부로 산다는 것이 어떤 의미인지 실감나게 대리체험 해본 결과로써 비로소 모친의 삶에 공감할 수 있게 됩니다. 또한 어머니의 고통이 아들들에게 전이되는 순간 그들은 누가 먼저라 할 것 없이 울음을 터트립니다. 그처럼 즉발적으로 터져나오는 아들들의 울음은 곧 과부의 고통에 대한 진정한 이해를 상징합니다.

이런 점에서 저는, 박지원 역시 과부의 삶을 전하는 이 글 속에서 함께 '울고 있다'고 보아도 지나치지 않으리라 봅니다. 앞서 살펴본 바 박지원은 순절과부담의 박열부가 남편이 죽은 이후 세간의 시선에 시달리고 남편의 삼년상을 마치기까지 인고의 시간을 홀로 감내해야 했다는 점을 아파하며 탄식했습니다. 이렇듯 일찍이 순절한 어린 과부의 내면에 이입해보며 박지원은 열부의 삶에 필연적으로 수반되는 두 가지 고통 즉, 풍문과 고독을 인식하게 됩니다.

이에 한편에서는 일평생을 수절하며 살아낸 또 다른 과부의 삶을 들어 그 고통의 실체를 더욱더 애절하게 전합니다. 즉, 박지원은 곧장 따라 죽어버리고 마는 행위라도 죽기까지 견뎌야 하는 외로움과 번민, 죽음을 결행하는 순간의 가혹함이 수반될 수밖에 없다고 보고 있으며, 죽지 않고 견디는 삶도 결코 가벼이 여길 수 없다는 점을 힘주어 말합니다(②-(라)). 수절은 수절대로, 순절은 순절대로 개개인에게 모두 너무 '잔혹한 고통'이라는 시선을 드리우면서 박지원은 과부들의 삶을 함께 아파하며 울어 주고 있는 것이 아닐까요. 고통으로 점철된 열녀의 고단한 삶을 진정으로 공감하고 깊이 연민하고 있다는 점에서 이 글은 일면 위로의 정서가 내재된 듯 보이기도 합니다.

그렇기에 그는 적어도 이 글을 통해서 수절이든 순절이든 어느 편을 더 폄하하거나 더 권면하려는 의도는 없어 보입니다. 수절 과부, 순절 과부 모두를 그저 애절하고 딱한 개개인의 인격체로서 인식하고 있습니다. 따라서 열이라는 이념의 실천이 이렇게나 '고통스럽다'는 점을 이 글의 주제의식으로 본다면, 이 글은 중세의 보편적인 열녀전처럼 열을 재생산하려는 의도에서 작성된 것은 아니라는 결론에 이릅니다. 물론 이와 같은 독법을 두고 역시 박지원의 근대성에 지나치게 미혹되어 오판한 것이라는 지적이 있을 수 있습니다. 그러나 이 글을 독해하기 위해 작자로서 박지원이 가진 의식이 근대적이냐 아니냐, 혹은 어느 정도로 근대적이냐를 기준으로 삼지 않았습니다. 박지원이라는 인물이 한 인간으로서 생래적으로 타고난 감수성의 깊이가 분명 남다른 점이 있다는 전제 위에 있을 따름이지요.

결국 「열녀함양박씨전」은 "인간을 이토록 잔혹한 고통으로 내몰아가는 '열'(나아가 충효열이라는 이념 자체)이란 대체 무엇인가"하는 문제 제기를 하고 있습니다. 다만, 중세 사회에서 이런 문제의식을 직접 언급할 수는 없으니 '문제'만 넌지시 던져두었습니다. 당대인은 물론 후세 사람들까지도 인간이라면 누구나 한번쯤 고민해봐야 할 원론적 차원의 인륜 문제라는 전제에서 박지원은 이 글을 읽는 모든 이에게 묻고 있는 것입니다. 그렇기에 이 글에 대한 해석이 현대에 이르기까지 쉽게 통일되지 못하고 있는 것은 어쩌면 당연한 결과이기도 합니다. 애초에 통일될 수도 없고, 더욱이 통일되어서도 안 될 것입니다. 이 글은 박지원이 던진 정답 없는 질문지이기에 독자는 다만 각자의 사유 영역 안에서 저마다 지녀온 가치 판단의 기준과 감수성의 좌표에 따라 자기 식의 답안을 마련해볼 수 있어야 합니다. 그러므로 어떤 해석에 대해 좀 더 동조하거나 거리를 둘 수는 있어도 어느 것은 맞고, 틀리다고 말하는 것은 흥미로운 문제를 던져둔 박지원의 의도에 반하는 일일 수 있으며 나아가 문학 독법의 자율성과 독자성을 침해하는 일일지 모릅니다. 그러므로 「열녀함양박씨전」을 향한 모든 해석은 시도된 대로 각각의 의미를 가질 수 있으며, 해석의 다양성은 더욱 확장되어야 한다는 믿음에서 미력하나마 제 소견을 더해보았습니다.

정리하면, 이렇듯 「열녀함양박씨전」은 작자가 실제로 어디까지 의도했든 독자로서는 새로운 해석을 시도해볼 여지가 생길 수밖에 없는 문제적인 글입니다. 기존 해석의 다양성을 유념했지만 사대부 남성으로서는 너무도 특별하게 열녀의 고통에 공감하고 몰입하는 박지원의 정서적 태도에 주목해 보았습니다. 한문 산문의 경우 제문祭文 정도를 제외하고는 이처럼 작자의 정서적 반응과 태도가 전면적으로 드러나는 사례는 거의 없다고 할 수 있는 만큼 열녀에 대한 박지원의 애처로운 시선은 남달랐습니다.

그런데 이처럼 인물에 대한 과도한 정서적 몰입은 분명 전장류의 투식에 어긋나는 표현방식인 까닭에 이는 곧 개개인을 인격체로 재인식하고 그에 공감하는 소품문의 특성으로 이해되어 왔습니다. 이와 관련해서는 앞서 살펴본 이옥의 작품들도 참고가 되겠습니다. 종합하면, 이옥과 박지원은 중세의 작가로서는 남다르게 열녀들을 향한 정서적 태도와 반응을 기록으로 남겼다고 하겠습니다. 이옥과 박지원은 '수절' 혹은 '순절'로 표상되는 열녀의 삶이란 잔혹한 고통으로 점철될 수밖에 없다는 점을 끊임없이 상기하면서 사대부 남성으로서는 매우 특별한 '공감적 태도'과 '연민의 정서'를 보여주었기 때문이지요. 두 작가는 남편을 곧장 따라서 죽든, 죽지 않고 살아남기로 택하든 어느 편이든 열녀가 마주하는 현실 세계는 결국 처연한 '고독'으로 수렴된다는 점을 강조하고 있습니다. 그렇기에 이들 작가의 작품들은 모두 '이념이란 대체 무엇인가' 하는 근원적 회의懷疑를 남긴 것으로 해석될 수 있었습니다. 좀 더 정확히는, '과부들은 왜 이토록 처절한 고독과 가혹한 고통 속으로만 떠밀려야 하는가', '과부에게 강요된 열의 실행이란 꼭 이러한 방식이어야만 하는가'와 같은 문제 제기를 했다고 볼 수 있는 것이지요.

그런데 박지원과 이옥은 그와 같은 문제 의식을 직접 언급하거나 작품의 전면에 드러내 보이지 않았습니다. 작품마다 치밀하고 전략적인 글쓰기 방식을 영민하게 활용하면서 그들은 다만 독자로 하여금 스스로 문제를 발견할 수 있도록 유도하고 있을 따름이었어요. 그러므로 우선 「열녀이씨전」, 「수칙전」, 「열녀함양박씨전」 등의 주요 작품은 글쓰기 전략 면에서 근대적 기법으로 간주되어 온 소품小品체의 특성이 다소간 투영된 것이라 볼 수 있겠습니다. 해당 작품들은 분명 전 갈래의 장르적 규범을 벗어나 개개인의 내면에 적극적으로 침투하면서 작자의 감정과 정서를 서정 갈래에 가까울 만큼 극대화 시키려는 시도로 읽히기 때문이죠.

그러나 또 다른 관점에서 접근하면, 해당 작품들은 일종의 이야기로서 기록된 전 작품들이 그 자체로 이념 논쟁을 촉발시

킬 수 있다는 점을 보여주는 사례이기도 합니다. 소품체의 등장이라는 한문 산문의 문예 미학적 변화를 차치하고 보자면, 이옥과 박지원이 열녀에 대해 기록해 둔 글들은 모두 중세 이념에 대한 날카로운 문제 제기로서 중대한 의미를 가지게 되는 것입니다. 따라서 이 글에서는 박지원과 이옥이 겉으로 드러내어 '말하지 않은 것'의 실체가 바로 '열 이념에 대한 비판'으로 간주될 수 있다는 점을 결론으로 수렴하고자 합니다. 또한 이것은 18·19세기 여성 인물전에서 발견되는 또 하나의 새로운 양상으로 자리할 수 있을 것입니다. 박지원과 이옥이 남긴 주요 열녀전들은 때때로 '이야기'를 넘어서는 '이념론'을 유념케 하거나, 조선 후기의 사회적 혼란 속에서 스스로 '이념 논쟁'을 점화시키는 데에까지 이를 수 있음을 입증한 사례인 것입니다.

내 이름을 찾아주오

내 이름을 찾아주오

조선 후기 여성 인물전들은 이념 서사로서 가질 수밖에 없는 변전의 한계가 너무도 분명했기에 조금이라도 남다른 점이 감지되는 작품은 매우 세심한 태도로 여러 번 읽어봐야만 했습니다. 그래서 이 글은 작품의 외적 맥락을 끌어오기보다 우선 각 작품의 주요 단락을 분석하는 내재적 독법에 충실하려 했습니다. 대상 작품은 조선 후기 여성 인물전이 지향해온 보편적 미담을 크게 세 가지 유형으로 나누어 볼 때 각 유형의 특성으로부터 얼마간 거리를 두는 방식으로 기록된 사례라고 판단한 작품들로 제한하여 살펴보았습니다. 보편적 미담으로서의 여성 인물전을 세 유형으로 거칠게나마 분류해 보자면 첫째, 동일 인물을 반복적으로 다루면서 이념의 재생산에 일조하는 이야기, 둘째, 서사에 초현실적 설정을 개입시키는 방식으로 이념을 더욱 강화하는 이야기, 셋째, 이념적 당위 자체를 전면적으로 강조하는 이야기입니다.

세 유형에서 어느 정도 벗어나 있는 작품들을 선별하여 이 글에서 다룬 작품들을 종합해 보면, 먼저 박효랑을 다룬 부분은 동일 인물을 반복적으로 다루면서도 허구적 인물을 등장시키는 등 일부 서사를 적극적으로 변주하는 면면이 포착된 작품군을 다루었습니다. 호랑이와 열부가 등장하는 이야기를 다룬 부분에서는 초현실성이 개입된 서사를 기록하면서도 이념을 강화하는 뻔한 결말로 수렴되지 않는 작품군을 살폈습니다. 끝으로 당위적 이념의 칭송으로 귀착하던 기존 논리를 직접적으로 언급하면서 이념의 실행 방식 혹은 이념 자체가 안고 있는 문제를 수면 위로 부상케 하는 작품 및 그 유관 작품을 이옥과 박지원을 통해 검토했습니다. 종합하면, 이 글은 여성의 삶을 두고 '이념'과 '이야기'가 직조되는 방식에 유념하면서 '반복-변주', '강화-희석', '당위-비판'의 양상을 탐색하는 작업이었다고 할 수 있겠습니다.

작품별로 인물, 사건, 주제의식 등을 독해해 본 결과 18·19세기 한문 산문의 미세한 변화들이 얼마간 감지될 수 있었는데요, 개별 작품의 분석에 전적으로 기대어서 도출해본 문학사의 변화를 보다 타당한 결론으로 귀납하기 위해서는 '조선 후기'라는 시대적 특수성을 다시금 상기하는 작업이 필요하리라 판단됩니다. 이제 마지막으로 역사적 맥락에서 조선 후기의 사회·문화적 배경을 함께 검토하여 이것이 문학 내부에 어떠한 영향을 미쳤는지 연계함으로써 이 글에서 시도한 작품 분석이 가질 수 있는 학문적 의의를 수렴해보려는 것이지요.

조선 후기의 사회상을 총체적으로 살피기 위해서는 다양한 차원에서 심도 있는 접근이 필요할 것이나 여기서는 문학사의 변이를 도출하기 위한 검토 작업으로서 당대의 사회·문화적 특징을 간략히 개관하겠습니다. 이러한 전제에서 사회적 변혁기로서 조선 후기의 사회상을 집약해 보자면 무엇보다 '신분제의 균열과 붕괴'를 가장 상징적인 변화로 꼽을 수 있을 것입니다. 양반층은 지속적으로 몰락해 간 반면 부농富農과 거상巨商들은 점차 사회적 영향력을 확보하게 되고, 급기야는 노비 해방에까지 이르렀던 것처럼 계층 간의 경계가 흐려진 현상은 실상 조선 사회를 지탱하던 근간을 뒤흔들었다고 할 수 있기 때문이죠. 즉, 조선은 사농공상士農工商이 철저하게 분리되는 양반 중심의 계급 사회였으므로 그와 같은 신분 질서의 동요는 곧 사회 전체의 혼란을 야기할 수밖에 없었습니다. 따라서 정치·사상 면에서는 이러한 사회적 혼란과 모순에 대처하기 위해 새로운 학문이 태동하게 되고, 그와 같은 사상적 변화는 곧 많은 문인들의 저술을 비롯해 다양한 계층의 분방한 기록들로 이어지면서 결국 문예 사조에도 적지 않은 영향을 미치게 됩니다.

요컨대, 조선 후기의 사회적 격동을 거치는 과정에서 그간 중세 사회를 주도해 오던 한문학의 기록 양상에 큰 반향이 일었다고 할 수 있습니다. 사대부 중심의 귀족 문학이자 철저한 규범 문학으로 유지되던 한문학은 점차 개개인의 일상 속으로 시선을 확장하여 이전에 비해 훨씬 구체적이고 세밀한 영역까지 들여다보기 시작합니다. 특히 이념 편향적 사유를 중심으로 실용적, 교훈적 가치를 지향하는 데에 몰두하던 '교술' 위주의 한문 산문에서 점차 탈피하여 개인의 감정과 정서를 보다 자유로운 문체로 표현하게 됩니다. 일례로, 기예나 덕행이 뛰어난 인물 중에서도 미천한 자들의 전기를 집중적으로 다루었던 '중인中人 문학'이 크게 일었는데요, 조희룡, 유재건 등이 남겨둔 기록은 정통 한문 산문인 전 양식이 중세 이념을 고취하던 기존의 문법과는 달라지고 있음을 보여줍니다. 또한 보다 더 참신하고 개성적인 표현을 사용하며 산문의 문예미를 추구하기도 했던 이른바 소품小品체의 등장도 조선 후기 한문 산문의 변화를 단적으로 상징하는 현상이라 할 수 있습니다다.

역사적 맥락에서 확인되었듯 지극히 규범적이던 전은 충·효·열의 이념적 삶을 실천한 인물들의 행적을 교조적인 취지에서 양산하던 기존의 목적으로부터 점차 탈피해 나갑니다. 때때로 새로운 대상을 발견하거나 혹은 이념적 삶을 살아낸 인물을 다루더라도 이전보다 새로운 시선으로 조명하게 되는 것입니다. 그러므로 이 글에서 살펴본 조선 후기 여성 인물전 작품들은 이러한 전 양식의 시대적 변화를 방증하는 구체적인 작품군으로서 의미를 가질 수 있습니다. 보수적 고문의 외피를 지니면서도 내부적으로 전혀 다른 양상을 보이는 산문이 등장하거나, 심지어 소설로 보이기까지 하는 산문이 나타나고, 소품이 새롭게 등장한 것 등이 결국 조선 후기 여성 인물전의 변화에도 막대한 영향을 주었다고 볼 수 있는 것이지요. 즉, 18·19세기 여성 인물전이 변주되는 양상은 결국 조선 후기 사회가 지향했던 '탈이념적 근대성'이 투영된 문학사의 한 단면을 입증하는 사례라고 하겠습니다.

다만, 조선 후기를 관통하는 동안 인물전의 양상이 점차 분방해지는 이러한 현상을 두고 기존 논의에서는 대개 '전의 소설화'라는 용어로써 인식해 왔습니다. 실제로 조선 후기의 전 작품들은 이전 시기보다 사실과 허구의 경계를 더욱 역동적으로 넘나들게 된다는 점에서 '소설화'라는 표현은 얼마간 타당성이 확보될 수 있다고 봅니다. 그러나 제가 살펴본 여성 인물전 작품들의 경우, 그 양상은 단순히 '소설화'라는 말로 통칭할 수는 없을 것 같습니다. 일부 소설화 경향을 보이는 작품군이 있는가 하면, 어떤 작품들은 '구비설화'와 같은 보다 원초적인 서사 장르와 교섭하고 있었고, 또 어떤 부류는 '서정적 산문'에 가깝다고 할 수 있을 만큼 대상에 대한 작자의 정서가 극대화되어 있기 때문이지요. 즉, 이 글에서 살펴본 조선 후기 여성 인물전 작품들은 내용 면에서 '허구'를 지향하는 공통분모를 가지지만, 형식 면에서는 기존의 관습적·규범적 전 양식의 특성을 파괴하고 있다고 보아도 무방할 정도로 모든 작품들이 각자의 방식으로 '분방'해지고 있었습니다. 그러니 이와 같은 양상이라면 정통 한문 산문의 '필기류화' 혹은 '서사화'라고 부르는 편이 전 갈래의 다채로운 변화를 규정하는 좀 더 적확한 명명이 될 수 있지 않을까 합니다. 정통 한문 산문인 '전' 갈래의 형식적 일탈은 비정통 한문 산문을 지칭하는 '필기류'나 본격적인 순수 창작물로 간주되는 '서사'라는 용어를 통해서 보다 많은 변수들을 아우를 수 있게 되리라 봅니다.

어떤 현상에 일정한 이름을 부여한다는 것은 이처럼 쉽지 않습니다. 소설인지 전인지 분별하는 것도, 이것을 다 뭉뚱그려 서사라고 불어도 좋을지 판단하기도 너무 어렵습니다. 하지만 중요한 것은 대상을 무어라 이름지을 것이냐 하는 문제이기보다는 그것을 관심 있게 들여다보려는 마음 그 자체이겠지요. 어여쁘고 애처로운 길고양이에게 이내 마음이 커지면서 다정하게 불러줄 이름이 있었으면 싶어 고민에 빠지더라도 끝내 그것을 뭐라 부르게 되든 실은 그 대상을 마음에 담고 고민하던 시간이 중요한 것처럼요. 그동안 살펴본 여러 이야기들도 그렇습니다. 이야기의 주인공이라는데 누구 하나 변변한 이름도 없고, 이야기의 갈래나 유형에도 이름 붙이기가 여간 까다롭지 않았으니까요. 그럼에도 옛날 옛적 그 무수한 아무개들의 이름 없는 이야기는 지금, 여기에 이렇듯 선명하게 되살아나 있습니다. 앞으로 이들이 무어라 불리며 언제까지 어떻게 기억될지는 이야기를 마주한 모두가 함께 궁리해볼 일이 아닐지요.

조선 너머의 소녀들

조선 너머의 소녀들

후속 연구를 통해 풀어야 할 다양한 문제들이 남아있지만 이 지면에서는 조선의 효녀 혹은 열녀 이야기가 서사적으로 어떤 전통성을 가지는지 그 서사적 원류를 추적하여 간략히나마 밝혀두는 것으로 논의의 미진함을 보완해두려 합니다. 우선 박효랑 서사와 일정한 연관성이 있다고 간주되는 이야기로는 이른바 '강상효녀담'이 존재하는데요, 이것은 박효랑이라는 이름은 지워졌지만 두 자매가 원통하게 죽은 아버지를 위해 복수를 감행하는 내용이 골자를 이룹니다. 그 과정에서 자매는 수 년 간 술법을 연마한 끝에 마침내 자객이 되어 단숨에 원수를 제압할 만큼 강력한 협녀가 됩니다. 즉, 박효랑이든 이름이 사라진 채 전승되던 강상효녀이든 이들은 모두 효와 협을 동시에 다룬 여성 서사라는 공통점이 있습니다.

이러한 여협 혹은 효협 서사는 어디에서 비롯된 것일까요?

물론 박효랑이라는 실존 인물의 삶이 당대의 문인들에게 큰 영감을 준 것도 사실이겠지만, 실존 인물을 기록화하는 과정에서 가미된 허구적 상상력의 원천은 조금 다른 차원에서 접근해 볼 필요가 있을 것입니다. 조선의 이야기들이 수집되고 기록되는 과정에서 필연적으로 관여되어 있을 수밖에 없는 일정한 서사적 전통이 있다면 그것은 바로 동아시아 인접 국가인 중국과의 관계 속에서 찾아질 수 있습니다.

다음의 이야기들은 어떤 식으로든 조선의 여협 서사에 영향을 주었을 것으로 추정되는 중국의 서사 자료입니다. 한동안 중국에서 유학오신 선생님과 함께 공부할 기회가 있었는데, 그 선생님께서 정리하여 공유해주셨던 줄거리를 그대로 인용해 보겠습니다.

'의義'의 이름으로 추앙되는 효녀 – 최려崔蠡의 「의격義激」

장안에 어떤 부인(촉 부인)이 집을 빌려 기거했는데 용모와 차림새는 보통이었다. 그녀는 평소 두문불출하는 데다 찾아오는 친인척도 없어서 주위 사람들이 그녀에 대해 아는 바가 없었다. 그녀는 집안일은 전혀 하지 않고 늘 표정이 엄숙하고 행동을 삼가 젊은 남성들도 감히 범접하지 못했다. 사람들의 의심을 살까 염려한 그녀는 1년 후 같은 고을의 남자에게 시집갔는데 남편에게도 자신의 정체를 숨긴다. 그녀는 남편에게 정성을 다하여 남편의 신임을 얻는다. 부부는 아들 하나를 낳는다. 남편은 아내의 수상한 행적에 대해 불만을 표시하지만 그녀는 개의치 않는다. 이후 그녀는 원수의 목을 베어 복수를 마친 후 남편에게 자신의 정체와 부친의 억울한 죽음에 대해 털어놓는다. 그녀는 자신이 아들을 죽여야 하는 이유를 밝히고 직접 아들을 죽인 후, 남편에게는 삶의 방향에 대한 냉철한 조언을 하고 떠난다.

촉 부인이 아버지의 복수를 하고 자식을 죽인 뒤 남편을 떠난 행위는 효이고 의이니 그녀는 의효부인이라 할 수 있다. 촉 부인의 사적에 대해 이단언이 전을 지었는데 최려가 이 전에 의거해서 제목을 '의격'이라 했다. 촉 부인이 장안에 머문 시간은 3년이었다.

극단적 패륜悖倫으로 넘나드는 '협俠' – 포송령蒲松齡의 「협녀俠女」

금릉 사람 고생은 재주가 뛰어났지만 집이 가난하고 노모가 계셔서 25살이 되도록 장가들지 못하고 있었다. 그의 맞은편 빈 집에 한 노파와 젊은 여성이 세 들어 살고 있었다. 고생이 우연히 여성과 마주쳤는데 18~19살 되어 보이는 빼어나게 아름답고 우아한 미인이었다. 고생의 어머니는 여성에게 청혼하기로 결심하고 다음 날 고생의 어머니가 여성에게 혼사의 뜻을 밝혔지만 거절당한다.

이후 고생은 그림을 핑계로 자주 찾아오는 소년과 사통한다. 그런데 그 소년은 여성에게도 관심을 가진다. 여성은 일전에 고생과의 혼사는 거절했지만 가난한 형편 때문에 고생의 어머니로부터 도움을 받고 있었다. 이에 여성은 고생의 집안일을 도맡아 하면서 고생의 병든 어머니를 보살펴 드린다. 그러다 그녀는 고생의 어머니의 고민(죽기 전에 손주 보기)을 알게 되어 결국 고생과 하룻밤을 보낸다. 하지만 여성은 여전히 차가운 태도로 일관한다. 고생을 통해 소년(연동)의 정체를 알게 된 여성은 고생으로 하여금 소년에게 자신의 뜻을 전달하게 한다. 소년은 고생이 전한 여성의 경고를 개의치 않는다. 이에 여성이 태도를 바꾸어 고생과 두 번째 잠자리를 가지고자 하는 순간에 소년이 들이닥쳐 잠자리가 무산된다. 이 과정에서 소년은 여성의 비수에 찔려 죽고 소년이 본디 백여우였다는 사실이 밝혀진다. 마침내 고생과 여성은 두 번째 잠자리를 가졌으나 여성은 고생의 청혼을 또다시 거절한다. 이후 여성의 어머니가 죽자 고생이 장례를 치러준다. 고생은 여성의 수상한 행동에 의심을 품는다. 여성은 자신이 임신한 사실을 고생에게 알리고 아이가 태어나면 아이를 데려가 키우라고 한다. 아기가 태어나자 약속대로 고생과 그의 어머니는 아기를 데려온다. 여성은 원수의 목을 베어 복수에 성공한다. 여성은 그동안의 이상한 행동에 대해 설명하고 부친의 억울한 죽음과 복수가 늦어진 이유를 밝힌다. 여성은 고생에게 아이를 잘 키우라는 당부를 남긴 뒤 떠난다. 3년 후 고생이 죽고 그의 아들이 18살에 진사에 합격해 할머니를 봉양한다.

사람은 집안에 협녀가 있어야만 연동을 기를 수 있다. 그렇지 않으면 당신이 사랑하는 수컷은 당신의 암컷을 좋아해서 넘보는 일이 생길 수 있다.

중국식 협녀는 조선의 이야기에 비하면 훨씬 더 파격적인 면이 있어 다소 낯설게 느껴지기도 할 것입니다. 그런 점에서 이 이야기들은 중국 선생님의 강단 있는 화법으로 전해질 때 더욱 생경하면서도 생생하게 다가온다고 생각했어요. 복수를 위해 남편과 시부모를 속여가며 위장 결혼을 한다거나, 복수의 임무를 완수한 이후에는 자신이 낳은 아이마저 자기 손으로 직접 죽여버리고 홀연히 속세를 떠나는 장면들이 특히 그렇지요. 그러나 이러한 중국형 협녀 캐릭터는 어린 시절 익숙하게 접했던 중국의 수많은 무협 영화 속에 등장했던 이른바 '무림의 고수'들을 연상케 하는 면이 있기도 합니다. 극단적인 냉엄함이 유발하는 충격의 이면에 모종의 기시감이나 친숙함이 함께 느껴지는 것은 바로 그런 유년의 기억이 자리하고 있는 것이지요.

이렇듯 중국은 우리에 비하면 훨씬 다채로운 여성들의 서사가 다양한 기록물을 통해 전해지고 있습니다. 고대의 <열녀전

列女傳>을 필두로 이후 수많은 자료집 및 개별 작품들이 양산되었는데요, 흥미로운 것은 중국의 여성 서사도 우리와 마찬가지로 우선은 '규범성'이 매우 강력하게 부각되어 있다는 점입니다. 단적으로 중국은 순사殉死를 넘어 순장殉葬이라는 극악한 풍습이 오랜 시간 유지되었던 국가이죠. 순장의 대상에는 아내나 첩이 포함되었다는 사실로 볼 때 과거 중국인들이 가졌던 열에 대한 인식이 어느 정도였는지는 어렵지 않게 짐작할 수 있습니다.

그런데 이처럼 강경한 이념성은 후대로 오면서 점차 새로운 모습으로 변모하기도 합니다. 일례로 명대明代의 오진원吳震元이라는 인물이 엮은 『기녀자전奇女子傳』이라는 책이 있는데요, 이 책은 현재까지 한국에서는 정식으로 번역되지 않은 미발굴 작품집으로 역대 특이하고 뛰어난 여성들의 이야기를 수집해 엮은 책입니다. 책의 제목에 이미 선명하게 드러나 있듯이 이 자료는 '기이한 여성'들의 삶과 행적을 한 데 모아 기록으로 보존했다는 의의가 있겠습니다.

'기이하다'는 말은 긍정 혹은 부정의 평가를 모두 아우르는 면이 있어 더욱 재미있는데요, 이러한 점으로 보면 이 자료집에서 다루는 여성 인물은 유교 이념을 성실하게 따르고 있을 것도 같고 반대로 이념성을 얼마간 벗어나 있기도 하겠다는 인상을 줍니다. '기녀자' 즉, '평범하지 않고 어딘지 독특한 여자'라는 표현이 창출하는 오묘함을 인식하면서 이 자료집을 한 마디로 규정하자면 오랜 세월 국가적 통치수단으로 강요되어온 유교 이념 속에서 역동적으로 변주된 여성 판타지의 결정판이라고 할 수 있습니다. 유교 사회의 여성들에게 기대되던 다양한 역할 예컨대, 제반의 집안일을 충실히 해내는 것은 기본이요, 시부모를 극진히 봉양하는 아름다운 심성은 물론, 출중한 미모로 능란하게 남성을 유혹하는 성적 매력까지 갖추고 있어야 하며, 이로써 무리 없이 아들을 낳아 가부장제의 존속에 이바지할 후사를 이어야 하는 데에다가 급기야는 필요에 따라 화려한 무술 실력을 발휘해 위험에 처한 남성을 무사히 구해낼 수도 있어야 한다는 식입니다. 동아시아의 유교 이념이 빚어낸 중국식 원더우먼이라고나 할까요? 실제로는 결코 존재할 수 없는, 남성들의 의식 속에서만 선망되던 그야말로 판타지 그 자체인 것이죠.

전통 시대의 중국은 이처럼 기본적으로는 교조적인 목적을 분명히 하는 규범적 서사를 꾸준하게 양산하는 와중에, 개인 차원에서 때때로 분방한 상상력을 거침없는 기록들로 남겨두면서 결과적으로 서사적 자산을 풍성하게 축적할 수 있었다고 하겠습니다. 그렇기에 이웃 나라였던 조선에서는 중국으로부터 전해지는 다채로운 이야기들 속에서 당시 조선 사회가 감당할 수 있는 영역을 선별적으로 수용해 우리식의 서사로 재생산했을 것이며, 그 결과로써 탄생한 이야기가 바로 앞에서 살펴본 작품들이라고 할 수 있겠습니다. 우리 안에서만 자생한 서사라면 다소 뻔한 구조, 뻔한 인물, 뻔한 결말에 머무를 수 있었던 효나 열을 다룬 이념적 작품들이 중국과의 교섭을 통해 서사적으로 한층 신선한 매력과 흥미를 확보한 역동적 이야기로 변주될 수 있었던 것이지요.

저 풍파를 헤쳐 여기 이르렀나니

저 풍파를 헤쳐 여기 이르렀나니

옛날 옛적 머나먼 나라에 줄줄이 딸만 낳던 왕과 왕비가 있었습니다. 이미 태어난 딸만 여섯이었는데 일곱째에 또 딸이 태어나고 말았지요. 크게 상심한 부부는 갓 태어난 막내 아기를 곧장 내다 버렸습니다. 버림받은 아기, 바리데기라 불리던 가여운 소녀의 이야기는 이렇게 시작됩니다. 효녀, 열녀까지 가기도 전에 단지 딸이라는 이유만으로 태어나자마자 버려지는 자식이 있었던 것입니다. 지금은 아기가 태어나지 않아 나라에 근심이 가득해서 아무리 이야기라도 설마한들 그런 부모가 있었을까 싶겠지만 이야기는 현실의 반영이니 자못 섬뜩하기도 합니다.

이 놀라운 이야기는 버림받은 아기가 죽지 않고 살아내는 파란만장한 인생 역정으로 이어집니다. 자신을 버린 아버지가 죽을 병에 걸리자 바리데기는 직접 서천 서역으로 찾아가 모진 고난을 겪어내고 약수를 구해 돌아와 아비를 살려내기 때문이죠. 목숨을 내걸고 저승에까지 다녀온 만큼 이후 바리데기는 망자를 저승으로 인도하는 신이 되는 것으로 이야기는 끝이 납니다. 갓난아기로 버려진 딸이 꿋꿋하게 자라서 자신을 버린 부모를 위해 목숨 바쳐 헌신한 뒤 신이 되는 이야기. 시작도 과정도 결말도 대단히 강렬한 이야기가 아닐 수 없습니다.

여전히 비현실적이기만 하다고요? 그렇다면 이런 이야기는 어떤가요. 우리 옛이야기 중에는 어쩐 일인지 '쫓겨난 딸'이 등장하는 이야기가 많습니다. 바리데기가 쫓겨난 딸의 신화 버전이라면 조금 더 현실적인 버전도 제법 다양하게 전해지고 있어요. 단연 흥미로운 것은 쫓겨난 딸이 혼자서도 잘 먹고 잘사는 이야기인데요, 이런 일이 어떻게 가능했을까요? 그 엄격한 가부장제 사회에서 아버지에게 밉보여 집 밖으로 내쳐진 딸이 스스로의 힘으로 성공해서 오히려 자신을 버린 아버지보다도 잘 살게 된다니요.

예나 지금이나 '잘산다'는 말은 일단 '부富'와 불가분의 관계로 인식됩니다. 관건은 돈이라는 얘기지요. 그런 점에서 앞서 말한 이야기는 한 마디로 쫓겨난 딸이 부자가 된 이야기라고도 볼 수 있겠습니다. 여기서는 그 이야기의 원래 버전과 거기서 파생된 것으로 추정되는 다양한 변이형의 이야기들을 두루 살펴보려 합니다. 전통 시대의 여성 서사가 근대화의 물결 속에서 어떠한 방식으로 낡은 이념성을 걷어내고 새롭게 탈바꿈하는지 추적하려는 것입니다. 특히, 근대적 인식의 격변이라면 화폐 경제의 발달을 빼놓을 수 없으니 효녀 혹은 열녀의 이름으로만 제한되던 여성들이 점차 돈을 다루면서 어떤 인물로 변모되는지 유의하여 본다면 좋겠습니다.

전통 사회에서 서사물로 향유되던 '부富' 혹은 '부자富者'의 형상은 크게 두 가지로 대별해볼 수 있습니다. 먼저 긍정적으로 서사화된 모습은 평범한 인물이 성실한 검약을 통해 점진적으로 부를 축적하거나, 선량한 인물이 우연한 횡재를 계기로 단번에 부귀해지거나, 역관譯官이나 상인처럼 자신의 직업 세계에서 탁월한 재주와 수완을 발휘해 거부巨富로 성장하는 경우 등입니다. 이처럼 치부致富에 성공한 이들은 이후 탐욕을 경계하며 풍요와 안정 속에 여생을 보내거나, 범사회적 자선 활동에 나서는 등 널리 귀감이 될 만한 치산治産의 도를 적절하게 실천하면서 이야기의 결말은 대개 민담적 해피엔딩으로 수렴합니다.

이에 반해 치부 및 치산에 나선 인물이 부당한 경제활동이나 비윤리적 행위 등을 자행하면서 부의 축적과 운용의 양상이 부정적으로 그려진 이야기가 있습니다. 예컨대, 독과점이나 매점매석을 시도하여 손쉽게 치부에 성공하는 경우, 그러한 노력조차 없이 애초부터 부의 세습이 이뤄진 경우, 혹은 정당한 방식으로 부자가 되었다 하더라도 지나친 과욕이나 인색함으로 패망하게 되는 사례들입니다. 또, 개인 차원에서 더 나아가 가문과 가문끼리의 결탁 혹은 유력 가문과 관官의 유착에 따른 각종 비리(관직 청탁, 뇌물 수수 등)로 부귀와 권세가 더욱 막강해지는 부정부패담의 경우도 서사적으로 익숙한 부의 형상화 방식에 포함할 수 있겠습니다.

이렇듯 전통적인 치부·치산 서사는 당대의 이야기 향유층이 가졌던 부에 대한 열망과 회한 등에 기반하여 긍정 혹은 부정의 일변에서 각각 보편적 서사 구조와 대표적 캐릭터를 양산해 내었다고 할 수 있습니다. 설화 시대부터 강력한 전승력을 유지해온 '운명론적 횡재담'이나 우리 전설 자원 중 가장 광포한 자료로 인정되고 있는 〈장자못〉류에서 분화된 각종 '부자 패망담'이 그 사례라고 하겠습니다. 그런데 조선 후기의 여성 치부 및 치산담은 이처럼 전통적인 치부·치산 서사의 보편 양상을 두루 반영하고 있는 듯 보이면서도 무언가 남다른 지점이 있습니다. 특히 서사의 주체가 '가부장제' 체제 내의 '여성' 즉, 대외적 경제활동에 나서기가 극히 제한되는 존재라는 점에서 여성 치부·치산담은 그 설정 자체가 이미 현실과 환상의 경계에 놓이게 됩니다. 이에 치부·치산담 가운데 여성이 제반 행위를 주도하는 자료를 선별하여 그 서사적 특성과 의미를 규명해 보려 합니다.

이 과정에서 특히 구비설화와 한문 단편의 교섭 양상을 살펴

서사적 계승 관계와 변전의 의미를 추적하는 데에 주력할 것입니다. 이에 따라 각종 야담 자료를 집성한 『이조한문단편집』(이하 〈이조집〉)에 수록된 작품 가운데 여성 주도형 치부·치산담을 집중하여 소개하겠습니다.

〈이조집〉의 제1부 '부富'에 수록된 작품 가운데 특히 여성 인물이 치부와 치산을 주도하고 있다고 볼 수 있는 9편의 작품을 선별해 그 목록을 제시하면 다음과 같습니다.

<표 1> <이조집> 소재 여성 주도형 치부·치산담

번호	제목		비고 (치부·치산 주체)
	<이조한문단편집>	원 출처	
1	부부각방(夫婦各房)	<청구야담>: 치산을 하느라고 부부가 각방을 쓰다.	여성(아내)
2	비부(婢夫)	<청구야담>: 지혜로운 여자가 남편을 얻고 보물을 획득하다. <동야휘집>: 산삼밭을 발견하여 재화를 얻다.	여성(아내)
3	감초(甘草)	<청구야담>, <해동야서>: 가난한 선비가 어진 아내를 만나 가업을 이루다.	여성(아내)
4	소금(鹽)	<동패락송>: 제목없음	여성(아내)
5	거여객점(巨余客店)	<차산필담>: 은혜로 받은 돈을 증식하다.	여성 단독

6	독역(讀易)	<청구야담>, <파수편>: 빈궁함에도 안정하여 10년 동안 주역을 읽다.	부부 공동
7	여생(呂生)	<동야휘집>: 만금의 이득을 남겨 부부가 치부를 하다.	부부 공동
8	선혜청 서리처(宣惠廳胥吏妻)	<청구야담>, <해동야서>: 어진 아내의 말을 들어 선혜청 서리가 좋은 이름을 보존하다.	여성(아내)
9	은항아리(銀甕)	<청구야담>: 늙은 과부가 은항아리를 발굴하고 가업을 이루다.	여성 단독

위 자료를 개관하면, 총 9편 중 7편은 부부의 치부담이다. 이들 중 5편은 아내주도형(자료 1, 2, 3, 4, 8번)이며 2편(자료 6, 7번)은 부부의 기여도가 대등한 경우입니다. 부부 치부담이 아닌 나머지 2편(자료 5, 9번)은 여성이 독자적으로 치부·치산에 성공하는 서사로 예컨대, 자료 5번의 경우 전란에 남편을 잃은 여인이 홀로 상업행위에 나서서 큰 부를 축적하는 내용입니다.

각 작품의 정밀한 구조와 구체적인 서사단락은 다음 장에서 본격적으로 살피겠지만 위 작품들을 종합할 때 가장 먼저 주목할 점은 대부분의 작품 속에서 치부 및 치산 행위를 주도하고 인물이 가정 내의 여성 즉, 아내로서 등장하고 있는 점입니다. 이 때문에 지금껏 치부담의 여성들은 이를테면 연암의 〈허생전〉이나 〈양반전〉에서 현실 문제를 외면한 채 글공부에만 매진하는 무력한 남편을 꾸짖던 아내의 형상과 비견되어 왔습니다. 〈이조집〉의 치부담이 조선 후기라는 격동기를 거치며 그 시대적 산물로 존재하는 것은 분명한 사실이기에 위 작품의 여성들을 통해 연암이 그린 아내 형상을 연상하는 것은 자연스러운 접근입니다. 그러나 이러한 독해는 여성 인물이 결국 남성의 치부 행위를 추동하는 계기를 마련하는 역할 즉, 서사 전개를 위한 수단적 보조인물에만 국한되는 결과로 이어집니다. 하지만 기존의 관점과 달리 여성 주도형 치부·치산담을 일종의 '여성 서사'로 상정하고 서사적 관점에서 그 연원을 추적해 보면, 조선 후기보다 훨씬 더 이전 시기에 그 원형을 발견할 수 있습니다.

아래는 〈무왕(서동) 설화〉 혹은 〈온달과 평강〉 등의 표제로 다양하게 변주되면서 널리 알려진 구비설화 〈내 복에 산다〉의 기본 서사단락입니다.

〈내 복에 산다〉

① 부유한 집안의 막내딸이 아버지에게 당돌한 대답(내 복에 산다)을 해 쫓겨난다.

② 쫓겨난 막내딸은 비천한 남성(숯구이 총각)에게 스스로 시집간다.

③ 막내딸은 남편이 숯을 캐던 장소에서 금광을 발견해 큰 부를 축적한다.

④ 막내딸은 장차 남편을 입신立身(선비, 장군, 왕 등)시킨다.

⑤ 본가의 패망 소식을 들은 막내딸이 아버지와 재회한 후 효양孝養하며 산다.

이른바 '숯구이 총각' 화소로도 일컬어지는 위 서사의 방점은 결국 남편을 출세시키는 조력자로서의 여성에게 있다고 할 수 있습니다. 유교적 입신(왕, 장군, 선비 등)을 성취한 남편이 등장하지만(④) 그 남성 인물이 아니라 그를 만들어낸 사람 즉, 킹메이커로서의 여성 캐릭터가 서사(②, ③)의 중핵을 이끌고 있는 것이죠. 특히 이 여성 인물은 가부장인 아버지에게 쫓겨난 위기 상황(①)에서 스스로 새로운 가정을 꾸려 모든 고난과 시련을 해결함으로써 결국 자기 자신의 자립을 성취하는 동시에 새로운 가부장을 바로 세우고(④), 자신을 버린 아버지를 용서(⑤)하는 데에까지 나아갑니다. 이 과정에서 평범한 사람은 늘 곁에 두고서도 알아채지 못하던 금광의 가치를 단번에 인지하고, 이를 활용해 곧장 큰 부를 창출해내며, 이후에는 특별한 감식안을 발휘해 '명마名馬' 등을 길러냄으로써 결국 배우자를 입신시키는 데에까지 성공하는 등 여성의 다채로운 능력을 확인할 수 있습니다.

이러한 여성 인물은 출산 능력과 같은 모성母性만이 부각되던 '신화적 여성'의 계보와는 별개로, 가부장제를 적극적으로 거부하면서도 한편으로는 그 안에 순응하는 듯하고, 종국에는 가부장제의 질서를 재구조화 하고 있다는 점에서 매우 입체적인 '이인異人형 여성'에 가깝다고 할 수 있습니다. 사회의 전면에 제 모습을 드러내지 않고 집안에 '숨어 사는' 존재이면서 '특별한 능력'을 발휘해 '문제해결'을 해내는 점은 '이인'을 규정하는 보편적 요소들과 상당한 접점이 있기 때문입니다. 물론 기존의 이인담을 통해 추출되는 이인의 자질 중에는 소위 '방기잡술'에 능통한 선인仙人적 면모가 중요하게 꼽힙니다. 그렇기에 치부 및 치산을 주도하는 여성 인물을 이인이라고 단언하는 데에는 얼마간 무리가 따를 수 있음을 인정합니다. 다만, 이인이란 대개 정치적으로 소외된 방외인이나 스스로 속세를 등진 예인藝人 등의 범주에서 발견되며, 이들은 현실 세계에 편입되기를 거부하지만 결국 체제 밖에서 현실 질서를 뒤흔드는 미묘한 저력을 발휘하는 존재입니다. 그렇기에 이러한 맥락에서 보면 치부 및 치산담의 여성들 또한 가부장제 체제 내의 사회적 약자이면서 일면 체제 저항적 면모를 보이고 종국에는 기존 체제에 변화가 필요함을 환기하는 존재이므로 넓은 의미에서 이인의 의미장에 포함될 수 있다고 봅니다.

그러나 이처럼 여성 인물이 이인형 문제해결자로 존재하고 있음에도 <내 복에 산다>류의 이야기는 결국 한국 구비설화의 전형적 문법이라 할 수 있는 '영웅 서사' 혹은 '운명론'의 영역으로 수렴됩니다. 이 이야기의 정체는 '숯구이 총각'이라는 핵심적 화소의 명명에서도 드러나듯이 '비천한 남성의 출세담'으로 인식되거나, '사람의 타고난 복이란 분명히 존재하며 또한 강력하다'는 식의 운명론적 사고의 소산으로 해석되기 때문이죠. 이처럼 민담의 전승의식은 '이인형 여성 서사'를 '환상성'으로만 갈음하고 있는 셈인데, 그 결과 여성 인물이 가진 문제해결 능력 즉, 그의 치부 및 치산 능력은 덜 부각됩니다. 구체적인 치부 과정의 서사는 설화의 향유자들이 저마다의 상상을 통해 메워야 할 공백으로 남게 되는 것입니다.

그 상상의 공백을 채워 '이인형 여성'의 서사적 명맥을 다시금 일깨운 것이 바로 <이조집>에 수록된 9편의 단편이라고 봅니다. 해당 작품들은 현실 세계에서 여성이 치부 및 치산을 위해 계획하고 수행한 구체적인 맥락의 총체를 매우 상세하게 구현하고 있습니다. <내 복에 산다>류에서 발견되는 '(남달리) 현명한 내조자'의 원형적 여성을 계승하여 치부 행위 주도하기, 명마 알아보기, 남편 출세시키기 등 민담의 상징적 화소를 적극적으로 수용하는 한편 민담에서 다루지 않은 '현실적 치부 및 치산' 행위의 전모를 드러내는 것이지요.

예컨대 박경리의 『토지』, 최명희의 『혼불』, 최근 국내외적으로 크게 주목된 이민진의 『파친코』는 여성 인물의 삶을 중심으로 근현대의 우리 민족사를 다룬 현대소설입니다. 이 작품들은 과부 등으로 설정된 여성 주인공이 시대의 풍파에 정면으로 맞서 억척스럽게 부를 축적하고 지혜를 다해 가계를 경영하는 치부와 치산 중심의 '가족형 생존 서사'라는 점에서 여성 치부·치산담의 연장선에 있다고 할 수 있습니다. 여성 주도형 치부·치산 서사의 계보와 관련해 고전의 현대적 변용 양상을 확장적으로 살피자면 해당 작업에서 긴요하게 활용될 필연적 논제인 것이지요. 이 걸출한 여성 서사들과 여기서 살펴볼 작품들이 과연 어떤 접점이 있을지 구체적인 양상을 본격적으로 보겠습니다.

9편의 작품에는 대부분 '부부'가 등장하고, <거여 객점>과 <은항아리>의 경우만 각각 거지 여인과 과부가 단독으로 치부 및 치산 행위에 나섭니다. 따라서 여성 치부·치산담의 서사 단락은 우선 7편의 부부 치산담에서 확인되는 공통내용에 기초하여 전체적인 틀거리를 마련했으며, 여성 인물이 단독으로 등장하는 예외적인 두 작품에서는 구체적인 치부 및 치산 행위만 일부 추출하여 함께 정리했습니다. 이와 같은 방식으로 9편의 주요 서사 단락을 종합한 결과를 보이면 아래와 같습니다.

<표 2> 여성 주도형 치부·치산담의 주요 서사 단락

단계		서사 단락
도입		① 가난한 부부가 궁핍한 현실을 벗어나기로 결심한다.
전개	치부 전	② 여성이 치부를 위한 예비적 작업을 수행한다.
		②-1. 길쌈, 패물로 밑천을 마련한다.
		②-2. 시당숙에게 편지를 써 돈을 빌린다.
		②-3. 남편에게 10년 각방 쓰기를 제안한다.
	치부 중	③ 본격적인 재산 증식을 위해 여성이 주도적으로 힘쓴다.
		③-1. 오랜 기간 극단적 검약을 실천한다.
		③-2. 특작물(담배, 감초, 소금 등)을 재배하여 수익을 낸다.
		③-3. 상업행위(독과점·매점매석, 남다른 수완)로 큰 돈을 번다.
	치부 후 (치산)	④ 재산 축적에 성공한 후 여성이 가계 안팎으로 치산 활동을 한다.
		④-1. 남성(남편, (양)아들)을 입신(立身)시킨다.
		④-2. 명당·명마 등을 알아보고 투자한다.
		④-3. 빌린 돈을 직접 갚는다.
		④-4. 자선 활동(걸인 적선, 빈민 구휼 등)을 실천한다.
		④-5. 탐욕을 경계하며 검덕(儉德)의 실천을 이어간다.
결말		⑤ 안정과 풍요 속에서 여생을 산다.

• 치부의 과정; 전통적 현모양처에서 생존형 여성 이인異人으로

〈표 2〉에서 가장 핵심적인 부분은 단연 치부(②, ③) 및 치산

(④) 단락으로, 먼저 치부 단락에서는 본격적인 재산 증식을 위한 예비 작업이 선행된 점을 주목할 만합니다. 단락 ②의 구체적인 내용에 따르면, 여성은 자신이 가진 길쌈 능력으로 소박하게나마 장사 밑천을 마련하거나, 시집올 때 가져온 귀한 패물을 처분하여 꽤 넉넉한 자금을 확보하기도 합니다. 이 가운데 경제적 위기 상황에서 여성이 자신의 패물을 팔아 가족의 생계를 유지하는 모습은 일찍이 〈온달과 평강〉에 등장했던 내용입니다. 궁에서 쫓겨난 평강 공주가 몸에 지니고 있던 금팔찌, 금목걸이, 금반지 등을 팔아 생활 자금을 마련하던 장면을 쉽게 연상할 수 있기 때문입니다. 다만 〈이조집〉의 여성 치부·치산담에서는 이같은 민담적 화소를 활용하면서도 이를테면 '가구와 비녀 등 패물 따위를 모두 팔아서 수천냥의 빚진 돈을 갚았다'는 식으로 패물값의 규모와 소용처를 더 정확하게 밝혀 두었다는 차이가 있습니다.

여성이 길쌈을 통해 살림 밑천을 마련했다는 내용은 보다 많은 자료에서 보입니다. 특히 〈감초〉에는 남달리 탁월한 길쌈 능력을 가진 아내가 등장하고, 그 능력에 기반하여 순차적인 치부 행위를 이어갈 수 있었다는 점이 잘 드러나 있습니다. 또한 이 여성은 직접 시당숙에게 편지를 써 돈을 빌리는 당찬 면모까지 있어 해당 단락을 아울러 인용문으로 확인합니다.

> …가장은 주림을 참아가며 독서만 할 따름이요, 도무지 생계는 돌아보지 않는 것이었다. 그때 일가에 당숙으로 무관의 높은 자리에 있는 분이 있었다. (가)신부가 남편을 보고 당숙에게 부탁해서 살림 밑천으로 천냥을 빌려오라고 졸랐다. 선비는 코웃음을 쳤다… 신부 자신이 시당숙에게 천냥을 빌려주시면 1년 이내에 갚아드리겠노라는 내용의 편지를 써 보냈다. 당숙집 며느리나 질부들은 모두 구설이 분분했다… 당숙은 쾌히 응낙하는 답장을 보냈다… (나)신부는 부릴 만한 여종이나 동복이 없으므로 학동들에게 떡이며 과자를 주고 돈을 쥐여주어 선전(비단전)에 가서 각색 비단의 자투리를 사오게 했다. 그것으로 주머니를 맵시 있게 지어서 골고루 채워주니, 학동들이 좋아라고 날뛰며 하인과 다름없이 고분고분 말을 잘 들었다. 이에 신부는 학동들에게 각각 돈을 나누어주고 문안 문밖의 약방들과 여러 역관들의 집으로 보내 감초를 사오게 하는 것이었다.

길쌈과 여성의 친연성은 신화 시대의 '직녀織女' 이미지로 소급될 만큼 그 연원이 오랜 것이지만 여기서는 좀 다르게 접근해야 할 것으로 봅니다. '바느질 하는 여성'이 단편적인 이미지 차원에서 소비되는 것이 아니라 여성이 가진 바느질 실력과 재주가 곧 현실적인 생존 능력으로 이어지고 있음을 분명하게 보여주기 때문이죠. 밑줄 (나)에서 보듯이 위 여성은 '비단 자투리'만 가지고도 '맵시 있게' 주머니를 만드는 손재주가 탁월하며, 그것으로 여러 사람의 환심을 사고, 자신의 치부 계획을 진행하는 데에 그들을 긴요한 일꾼으로 활용합니다. 비록 어린 아이들을 대상으로 삼았지만 혼자서 여러 사람을 능란하게 통솔하여 자신의 목적을 효율적으로 달성해내는 모습은 일종의 리더로서의 자질을 보여주는 대목입니다. 즉, 이 여성은 바느질 실력을 바탕으로 리더십을 발휘하여 사람을 부릴 줄 아는 감각이 있으며, 이처럼 그가 사람의 마음을 움직이는 능력은 밑줄 (가)를 통해 이미 예견되어 있던 셈이라고 할 수 있습니다. 그러므로 이런 여성 인물이라면 연암의 단편에 그려진 '남편을 추동하는 아내'로 비견될 수만은 없을 것이기에 서사 주체로서 새롭게 인식해볼 필요가 있습니다.

더욱이 이러한 능력은 본격적인 치부 행위에 나선 단락 ③에서 더욱 확장적으로 재확인됩니다. 담배, 감초, 소금, 인삼 등 특작물을 재배하여 수익을 내는데(③-2), 그 과정에서 독과점·매점매석을 비롯 '남다른 수완'을 발휘해 치부에 성공했다(③-3)는 언급이 있기 때문이죠. 〈비부〉, 〈감초〉, 〈소금〉, 〈거여객점〉에서 두루 보이는데 이 중 여성 인물의 '수완'이 가장 다채로운 양상으로 그려진 〈비부〉의 주요 단락을 요약하여 예시합니다.

...어느 재상집의 하녀가 용모가 예쁘장한데다 민첩하고 총명하며, 정해주는 혼처는 마다하고 일찍부터 제 스스로 적당한 사람을 골라서 짝을 맺겠노라 말해왔다... "(가)이 짚신을 내가 전부 사겠어요. 나와 같이 가서 돈을 받아가세요... 이왕 오셨으니 오늘밤 저와 같이 자요."... 이튿날 여자는 오씨(짚신 장수)를 목욕하게 하고 새 옷을 꺼내 갈아입혔다. "(나)저는 이 댁 사환비예요. 당신은 이제 제 낭군이 되었으니 대감께 헌신해야 합니다. 그러나 결코 뜰아래서 절하진 마세요."... 어느날 여자가 오씨에게 "(다)돈을 써보면 안목이 열리고 가슴이 트일 겁니다. 오늘 이걸 갖고 나가서 다 쓰고 들어오세요... 길거리에 걸인들이 많은데 적선인들 못 하나요?... 이제 3만전이 남았으니 장삿길로 나서보세요. 올해 대추 농사가 흉년인데 호서 어느 고을만 대추가 잘 영글었대요. 그곳으로 가서 전부 사들여오세요... 올해는 면화 농사가 흉년인데 황해도 몇 고을만 괜찮대요. 거기 가서 면화를 사오세요."

인용문에서 확인되듯이, 이 여성의 능력은 단순히 '장사 수완'이라 한정할 수는 없을 것입니다. 짚신 장수와의 첫 대면에서 혼인에 이르기까지 상대를 자신의 뜻대로 유연하게 인도하는 (가), 이후 남편이 된 사내의 처세를 현명하게 조언하는 (나), 남편에게 돈 쓰기 훈련을 시켜가며 경제 감각을 키워주는

(다)의 내용을 종합할 때 이 여종은 거부감 없이 사람을 잘 이끌어 궁극적으로 자신의 치부 계획을 달성해내고 있습니다. 기본적으로 대인 관계 수완이 절묘한 인물이며, 돈을 모으는 데에만 급급한 것이 아니라 얼마간의 자산을 형성한 이후에는 경우에 따라 크고 작게 융통할 줄도 알고, 매년 변동되는 나라의 경제 사정에도 밝아 적절한 시기에 적절한 작물을 사들여 큰 이익을 창출해내는 '현명한 투자자'로서의 종합적 감식안을 가졌습니다. 이렇게 보면 박지원朴趾源 〈허생전許生傳〉, 〈양반전兩班傳〉에 등장하는 아내, 남편, 부자의 성격이 이 여종 안에서 삼위일체를 이루고 있다고 보아도 지나치지 않을 것입니다.

〈비부〉의 여성 인물이 보이는 이러한 입체성은 연암이 남긴 두 작품을 연상케 하지만, 한편으로 이 작품의 후반부에 짙게 개입된 구비설화의 환상성과도 무관하지 않으리라 봅니다. 위의 인용 단락 이후 이어지는 내용은 남편이 우연히 산삼밭을 발견한다거나, 위기의 순간에 우투리라고 명명된 설화적 존재로부터 결정적인 도움을 받기 때문입니다. 또한 이러한 우연성은 애초에 측은지심을 타고난 남편이 꾸준하게 적선積善을 실천하며 살아왔기 때문에 결국 발복發福에 이를 수 있었다는 민담의 전형적 문법 안에서 작동하고 있다. 즉, 남편은 '겉바보 속똑똑'의 속성을 지닌 온달형 인물이며, 착하게 살면 복을 받는다는 민담의 공식에 적확하게 부합합니다.

남성 인물이 이처럼 구비설화와의 교섭을 일관되게 증명하는 존재라면, 여종인 아내의 성격과 역할은 훨씬 다층적입니다. 과거 사회의 여성에게 요구되던 내조의 전범을 보여주는 '전통적 인물상'이라는 점에서 설화적 원형을 상기시키지만, 연암의 단편에 그려진 '근대적 인물들'의 성격을 종합적으로 수렴한 특이성을 지니고 있기 때문입니다. 특히 이 여종은 남편을 출세시킴으로써 종국에는 자신이 노비 신분에서 해방되는 결말에 이릅니다. 내내 전면에 나서지 않고 오로지 남편의 원조자로서만 기능하던 여성이 결국 자신의 당찬 포부, 안목, 수완을 통해 신분 해방이라는 숙원을 이룩했다는 점은 이 인물이 가진 근대성을 입증하는 결정적 대목이라 할 수 있습니다. 이는 신분격차로 인한 '혼사 장애' 화소의 야담화로 볼 수도 있겠지만, 여성 주인공이 자신의 욕망을 대리자(남편)에게 투영하여 성취하는 여성 서사로 독해한다면 전통적 현모양처이기보다는 생존형 여성 이인으로 진일보한 새로운 여성 캐릭터라는 의미를 부여할 수 있게 됩니다.

이밖에도 〈부부각방〉의 경우 표제에서 그대로 드러나 있듯이 10년 동안 부부가 각방 생활을 하여 치부에 성공하는 서사입니다. 여기서 10년은 '긴 세월'의 상징이며 '각방'은 극단적 검약儉約과 절제의 표상일 것입니다. 중요한 것은 이러한 생활을 아내가 먼저 계획하고 제안했다는 점입니다. 남편도 동참은

하고 있지만 도중에 기한을 어기고 선불리 동침을 요구하거나, 후손의 가망이 없자 상심하고만 있던 데에 비해 아내는 남다른 집념과 의지로 애초의 계획을 끝까지 수행하도록 남편을 독려함은 물론, 양자를 입적해 후사를 잇는 일까지 완벽하게 마무리해냅니다. 이 작품의 경우 설화소의 흔적은 거의 없고[1] 치부 과정부터 후일담까지 서사 전개의 면면에 현실 고증적인 교술성이 두드러진다고 하겠습니다.

특히 '마침내 동성 아들로 후사를 삼으니, 이가 상산 김씨의 시조다. 그 후손들이 크게 번창하여 벼슬이 끊이지 않고 대를 이었다 한다'는 결말은 마치 중세의 이념전에 덧붙던 투식적 논평과 같은 인상을 남깁니다. 이를테면 충·효·열의 유교 이념을 충실하게 실천한 인물들을 입전하여 그들이 보인 삶의 태도를 칭송함으로써 당대의 통치이념을 더욱 공고히 하여 사회구성원들을 계도하고자 했던 것과 같은 기시감이 들게 하는 것이죠. 따라서 〈부부각방〉은 상공업의 발달로 부의 축적에 대한 욕망이 일던 사회문화적 배경 속에서 궁핍한 현실을 벗어날 수 있는 가장 기본적인 방책은 검약의 실천이라는 점을 환기하는

---

1 극단적 검약과 관련해 연상할 수 있는 설화는 이른바 '자린고비'류의 각편일 것입니다. 그러나 〈부부각방〉을 이러한 서사의 계승이라 보기에는 어려운 면이 있습니다. 자린고비 유형의 서사는 치부 과정 자체에 방점을 두기보다 대개 '인색한 부자'의 '패망담' 혹은 '망신담'의 성격이 강하기 때문입니다.

교조적 서사라고 할 것입니다.

아울러 '가난 탈피'라는 삶의 난제를 주도면밀한 계획성과 처절할 정도의 집념으로 이룩해낸 주체적 인물이 바로 가정 내의 여성이라는 점을 함께 주목해보아야 합니다. 즉, 평범한 아녀자인 듯 보이지만 가난한 노총각 머슴에게 시집온 이튿날부터 곧장 각방 쓰기를 선언하며 향후 10년 동안 함께 검덕을 실천하자고 남편에게 강력하게 요구했던 점을 볼 때, 이 여성은 이미 보통 사람과는 남다른 생활력(파격적인 계획성, 불굴의 추진력, 탁월한 열성과 집념 등)을 가졌습니다. 얼마간 치부에 성공한 이후에도 흐트러짐 없이 스스로 정한 수칙을 끝까지 지켜냄으로써, 선불리 태도를 바꾸던 남편과 대비됨에 따라 이 여성 인물의 정체는 더욱더 한낱 필부로 한정하기는 어렵게 됩니다. 따라서 이 작품 속 아내 역시 전통 사회의 평면적 현모양처이기보다는 새로운 시대의 산물로서 등장한 생존형 이인에 가깝다고 보기에 근대적 의미의 교술성을 일깨우는 서사 주체로 인정될 수 있겠습니다.[2]

---

2 〈이조집〉 소재 치부담 중 이 작품과 주요 서사가 겹치는 〈광작(廣作)〉에 대해 첨언합니다. 해당 작품은 10년 죽 먹기, 패물과 길쌈으로 밑천 마련하기, 특작물로 치부하기 등 여기서 다룬 작품들과 서사적 접점이 크며 특히 〈부부각방〉과 흡사합니다. 단, 일련의 행위를 남편이 주도하고 있기 때문에 논외로 하였습니다. 그러나 특기해둘 점은, 표면상 남편이 주도적으로 나서고 있으나 내용 면에서 패물이나 길쌈 단락이 포함된 점, 작품 말미의

• **치산의 양상; 가계 운용의 주체이자 가문 번영의 선구자**

<표 2>에서 단락 ④로 정리한 내용은 치부에 성공한 이후의 후일담 즉, 축적된 재산을 어떻게 운용하며 살았는가 하는 치산治産의 서사입니다. 이 단락에는 우선, 남편이나 아들을 입신시키거나 양자를 들이는 일에 자산을 융통했다는 언급이 보입니다. 앞서 살펴본 <비부>에서 경제 관념이 없는 어리숙한 남편에게 돈 쓰기 훈련을 시키던 장면이 있었는데 해당 작품의 후반부에서는 아내가 남편의 출세를 위해 고관들에게 산삼을 선물하며 일종의 청탁을 감행하는 장면이 등장하기도 합니다. 이러한 대가성 뇌물 수수는 부정부패담에서 자주 등장하는 풍자적 삽화인데 여기서는 '남편의 출세'를 도모하기 위한 아내의 적극적 행위라는 점에서 이러한 정치력마저 여성 인물의 탁월한 능력으로 용인되고 있는 점이 흥미롭습니다.

이밖에도 <은항아리>의 경우 가난하고 젊은 과부가 두 아들을 입신시키기 위해 궁핍함 속에서도 검약과 정성으로 치부와 교육을 병행하는 서사입니다. 빈 땅에 호미질을 하다가 우

분재(分財) 단락에서 남편이 혈육인 형제보다도 아내에게 제일 먼저 몫을 떼어준 점, 아내를 영광스럽게 할 뜻으로 벼슬길에 나아간 점 등으로 볼 때 이 작품의 아내는 사실상 치부의 공동주체임이 분명하다는 것입니다. 따라서 여기서 다룬 생존형 여성 이인의 역할을 <광작>에서는 남편이 그대로 수행하고 있는 듯 보이더라도 이것이 여성 주도형 치부·치산담의 해석을 희석하는 반증이 되지는 않으리라 봅니다.

연히 은화가 가득한 단지를 발견하는 대목은 민담적 판타지가 그대로 투영된 장면이지만 과부는 훗날의 화를 염려해 그대로 덮어두고 함구한 채 현실의 척박함에 정면으로 맞서 지극히 현실적인 방식으로 가난을 극복해냅니다. 이는 전통사회의 여성 가부장으로서 과부라는 존재가 타파해야 했던 냉혹한 현실을 가늠케 하는 면이 있어 결국 이 작품에서는 현실적 사고가 설화의 환상성을 압도하고 있다고 하겠습니다. 작품 말미에 거부가 된 노부인이 걸인 적선 등 빈민 구휼을 실천하며 여든까지 장수했다는 내용이 덧붙어 있지만 이마저도 민담적 해피엔딩이라기보다는 오히려 김만덕과 같은 사회참여형 여성 인물의 실존적 삶을 떠오르게 합니다.

이처럼 치부에 크게 성공한 인물이 일종의 자선慈善 활동을 실천하여 빈민을 살피고 도적 무리를 계도했다는 내용은 〈독역〉, 〈여생〉 등에서도 반복됩니다. 다만, 해당 작품에서는 계도자가 모두 남성 인물이며 이는 당대인의 현실 인식에 더 가까운 설정이라고 봅니다. 그렇다면 〈은항아리〉의 과부는 남성의 보편적 역할을 여성이 홀로 직접 해내고 있으므로 중세의 수동적 열녀와는 다른, 치열한 가산 경영은 물론 범사회적 행위까지 자발적으로 계획·실행한 독특한 의미의 여성 가부장이라 하겠습니다.

치부에 성공한 여성 인물들은 새집으로 이사하는 과정에서 남다른 혜안을 발휘해 명당을 직접 찾아내기도 합니다. 〈소금〉에서 잘 드러나 있는데, 이 작품의 아내는 명마를 낳을 암말을 사고, 이웃의 부자가 그 명마와 자신의 논밭을 바꾸자고 요청하자 논은 사양하고 묵정밭만 받고 거래를 한 뒤 그 터에 집을 지어 수壽와 부富를 누렸습니다. 이는 앞서 치부 과정에서 보았듯 명마나 명당을 알아보는 '예지력'에 방점을 두면 설화소를 수용한 맥락에서 읽히지만 가산 경영을 능란하게 주도하는 여성의 현실적 투자 감각이기도 합니다. 〈선혜청 서리 처〉에서도 아내가 '배산임수'의 터를 골라 집 주변을 살뜰히 가꾸어 간다는 언급이 있는데 여기서는 더욱이 단순 예지력이기보다 실질적인 가계 운용력이라 보는 게 맞습니다.

...(가)"지금 절약하지 않고 탕진하게 되면 다시는 희망이 없으리다. 아무쪼록 절약하여 가산을 넉넉하게 해야겠어요." 남편 또한 그로부터 급료를 꼬박꼬박 아내에게 맡겼다... "오늘로 서리직은 그만두셔요." 그는 아내의 말과 같이 선혜청 구실을 사임했다. 하루는 아내가 남편에게 삯꾼을 모아오게 했다. 그리고 교외의 농장을 알아보도록 했다. (나)서울 도성의 동쪽 밖으로 양전미답을 구입하고 배산임수의 지형에 집을 지어서 집 뒤로는 과실수를 심고 집 앞으로 농장을 펼쳐놓았다... 모두 그의 아내가 경영한 것이었다... 아내는 남편에게 다시는

서울 성중에 발을 디디지 말도록 당부했다. 몇 년 후에 선혜청 당상관이 서리 10여 명이 공금을 횡령한 죄를 임금께 아뢰어 다들 형벌을 받고 가산도 적몰이 되었다...(다)아, 이 선혜청 서리의 아내는 한 평범한 여자로서 지혜롭게 가업을 이루고 검소한 덕을 숭상하여 남편의 명예를 끝내 유지하도록 했다. 만약에 이 여자가 사대부가의 남아로 태어났다면 급류용퇴를 무난히 해낼 것이라.

밑줄 (나)에서 보듯이, 위 작품의 아내는 특별한 명당을 분별해내는 감식안을 가졌다기보다 누구라도 좋은 지형으로 인정하는 적절한 곳을 택해 후대까지 안정적으로 정착을 도모할 수 있는 터전으로 '경영'한 점이 그의 탁월한 능력으로 부각되고 있습니다. 이러한 가계 경영 능력은 (가)에서 확인되는 그의 발언과 이에 따른 남편의 후속 행위에서도 이미 한차례 강조되었습니다. 특히 남편이 자신의 급료를 아내에게 전면적으로 위탁하여 관리하도록 하는 대목은 앞서 살펴본 설화적 원형으로서의 '(남달리) 현명한 내조자'가 한문 단편 속에서 실존적 존재로 거듭나는 양상을 상징적으로 보여줍니다. 논평부인 (다)에서 이 여성은 그저 '평범한 여성'으로서 '검덕儉德'의 실천에 꾸준히 힘썼을 따름이라 평가한 부분도 역시 주목을 요합니다. 애초부터 '고귀한 신분(공주, 부잣집 딸)'으로 '예지력(명마

(를 낳을 암말) 알아보기)'과 같은 신이성을 지녔던 설화적 여성과 이 여성의 정체가 어떻게 달라지고 있는지 즉, 얼마나 현실화되고 있는지를 실증하고 있기 때문이죠. 그리고 결국 '이 여자가 사대부가의 남아로 태어났다면'이라는 가정을 통해 기록자의 의도 즉, 여성 치산 서사의 전승 의식이 선명하게 드러납니다. 이는 사대부 남성을 향한 냉엄한 경고로 간주될 수 있기 때문입니다.

한편, 이처럼 여성의 현실적 치산 행위로서 '검덕'을 강조한 사례는 앞 절에서 살펴본 〈감초〉를 다시 살펴볼 만합니다. 치부에 성공했다 하더라도 지나친 탐욕으로 치산에 실패하는 경우는 현실 세계에서는 자못 흔한 일이죠. 소위 '놀부형 부자'의 '패망담'이 '부富'를 다룬 이야기들 가운데 가장 대표적인 유형이라 할 만큼 강한 전승력을 유지해온 것도 바로 그 때문일 것입니다. 그러나 〈감초〉의 여성 인물은 치산의 정도正道라 할 과유불급의 미덕을 침착하게 실행합니다. 해당 작품의 말미에서 여성 인물은 '구태여 부자가 되어야 하겠습니까? 부자는 뭇 사람들의 미움을 사기 마련이니 제가 원하는 바 아닙니다'라는 발언을 하는 것이죠. 특히나 이는 시당숙에게 빌린 돈을 갚는 과정에서 그 돈을 도로 내주며 치부의 밑천으로 삼으라던 당숙의 호의를 사양하며 답한 말이기에 더욱 의미가 있습니다. 그 태도와 언행이 너무도 담박하고 간명한 탓에 이야기의 향방

이 다시 비현실로 회귀하는 듯한 착각이 들 정도이지만, 이 작품의 역할이 치부와 더불어 '치산의 도'까지 전하려는 데에 있음은 분명해 보입니다.

'부채 상환'과 관련해 마지막으로 살필 작품은 〈거여 객점〉입니다. 여기서는 빌린 돈을 갚는 과정에서 여성의 '신의信義'가 두드러지므로 그 전후 맥락을 두루 인용합니다.

> ...그 여자 또한 돈이 많이 벌려 수만냥의 부자가 되었고, 부족함이 없이 살아가게 되었다. 그 여자가 재산 많은 과부인 줄 알고 탐내서 함께 살려고 노리는 자들이 많았다. 그 여자는 말했다. "...추위와 주림에 다 죽어가는 판에 (가)부처님 같은 선다님을 만나 노자를 떼어주신 덕분에 죽은 목숨이 살아났을뿐더러, 그것을 밑천으로 돈을 벌어 우리 모자가 오늘날까지 이만큼 살고 있습니다. 내 어찌 은인을 두고 딴 사람에게 개가하겠습니까? 선다님이 오시면 나는 응당 그분을 따를 것이요, 오시지 않더라도 죽음으로 지킬 따름입니다." 하여 그들은 모두 혀를 차며 물러갔다... 그녀는 선다님이 오시는 것을 보고 신을 거꾸로 신은 채 나와 맞이하는 것이었다. 두 사람이 손을 잡고 울었다... "두 꿰미 돈이 자라 지금 2만여 꿰미가 되었지요. (나)1만 꿰미는 당신께 바치겠으니 처자식을 이것으로 살리시고, 1만 꿰미는 첩에게 맡겨두시지요.

저 역시 전남편의 혈육인 자식이 있으니 살아가게 해야겠죠. 그리고 저와 당신은 일실동거하여 여생을 하루같이 화락하게 지내기로 기약합시다. (다)벼슬 한자리는 제가 주선해보지요."...한번 은혜를 입으니 끝내 잊지 않고, 은혜에 보답할 길을 생각하다가 드디어 원만하게 짝을 이루니, (라)이 어찌 재혼한 것으로 실절失節을 말하리오. 전의 자식을 잘 길러 재산을 나눠주고 본부本夫를 위하여 뒤를 잇게 했으니, 쉬운 일 같으나 실상 어려운 바라. 대개 세상에 은혜를 잊고 의리를 배반하는 무리들은 이 전을 읽고 반성해야 할 것이다.

밑줄을 중심으로 이 여성 인물의 성격 및 능력을 종합하면, (가)올곧은 신의 - (나)합리적 분재 - (다)사회적 정치력이라 할 수 있겠습니다. 미천한 걸인에 지나지 않던 이 여인이 갖추고 있는 출중한 능력과 인격은 실로 놀라울 만큼 완전무결합니다. 더욱이 여성이 '선다님'이라 지칭하는 남성 인물은 벼슬 청탁을 하러 나선 상경길에서 술과 도박으로 탕진하고, 이후에도 지속적으로 가산을 탕진해 결국 부부가 품팔이와 걸식으로 연명하게 된다는 점에서 모든 면면이 여성의 완벽함과 대비됩니다. 이는 조선 후기 몰반의 타락상을 고발하기 위한 설정이기도 하겠으나, 이 작품이 이념 사회에서 금기시되던 여성의 재혼까지 긍정하면서 여성 인물의 삶을 상찬하는 과감한 논평으로 끝맺은 것은 다면적 해석의 여지가 있습니다.

부도덕하고 무능한 사대부 남성의 참상을 질타하는 의미 외에도, 쇠락해가는 한 가문 전체를 구원해낸 이 여성의 남다른 능력 자체가 부각되어 있기 때문이지요. 또한 그 능력과 성취는 여성이 끝까지 지켜낸 '절의'로 인해 더욱 찬란해진다는 점 역시 중요합니다. 즉, <거여 객점>의 여성 인물은 '신의로써 한 가문을 부활시킨 선도자'로 규정할 수 있으며 이는 더 이상 내조에만 충실한 원조자이거나 가정 살림만을 일구는 소박한 일꾼이 아닌, 신선하고 진취적인 여성상이라 할 것입니다.[3] 이처럼 가정 안팎으로 분투한 끝에 결국 집안을 일으켜 세우는 공

---

3 9편의 작품 가운데 <거여 객점>은 유일하게, 이와 매우 유사한 내용의 구비설화 자료가 있어 부연하겠습니다. 해당 자료는 <거지 여자와 하룻밤 자고 벼슬한 사람>(『한국구비문학대계』 3집 3책)이라는 표제로 채록된 각편이며, '경주 손병사(혹은 손선달)'라는 남성 인물이 등장하고 그에게 적선 받은 걸인 여성이 '서울'에서 객점을 열어 치부에 성공한 후 남성과 재회하여 의리를 지키는 내용입니다. <거여 객점>에서도 남성은 '경주 김선달'이고 걸인 여성이 큰 돈을 번 곳은 '서울(거여)'이므로 두 자료는 서사 구조의 유사성은 물론 구체적인 지역까지 정확하게 일치합니다. 또한 재회를 위해 여성이 남성을 수소문하는 과정에서 '경주의 아전'이 결정적인 매개자로 등장하는 점도 동일합니다. <거여 객점>의 기록자로 추정되고 있는 배전(裵婰)이란 인물이 '경남(김해)' 출신의 '아전'으로 알려진 점을 참작할 때, 경주 선달과 걸인 여성의 이야기는 당시 경상 지역 아전들 사이에서 인상적으로 회자되던 실담(實談)이 아닐까 해요. 즉, <거여 객점>과 <거지 여자와 하룻밤 자고 벼슬한 사람>이 이 정도로 흡사한 것은 서사적 선후 관계(민담의 야담화)에서 기인한 현상은 아닐 것으로 추정합니다. 실존 인물(경주 선달, 걸인 여성)의 흥미로운 행적담으로 공유되던 이야기가 비슷한 시기에 각각 구비와 기록으로 분화되어 전해졌을 가능성이 크다고 봅니다.

로자로서의 여성에 대한 인정은 〈이조집〉의 원전 자료에서 기록자들이 붙여둔 제목에도 드러나 있습니다. 단적으로 '가업을 이루다[성가업成家業]'와 같은 표현이 반복적으로 사용되고 있으며, 이를테면 '어진 아내의 말을 들어 선혜청 서리가 좋은 이름을 보존하다', '은혜로 받은 돈을 증식하다'의 경우는 각각 '사회적 명예'와 '인간적 의리'의 가치를 충분히 이해하고 있는 여성에 대한 기록자의 인식을 가늠케 합니다.

이상의 논의를 종합하면, 서사 주체로서 과부 캐릭터가 새롭게 거듭난 모습이 우선 인상적이라 할 만합니다. 중세의 과부란 열절을 실현하는 이념적 인물이기에 특정한 개인으로서의 개성보다는 당대 여성의 보편적 삶의 윤리를 표상하는 존재에 가깝습니다. 그러나 본 절에서 집중적으로 다룬 〈은항아리〉와 〈거여 객점〉의 과부는 정절 수호만을 일생의 가치로 여기며 살아가는 일반적 열녀와는 분명히 달랐습니다. 그들은 가정 경제를 꾸려가는 능력은 물론이고 궁극에는 '가사 노동'(이를테면, 길쌈, 청소, 음식 마련 등 소극적 의미의 주부 활동)의 범주를 넘어서 가업 혹은 가문을 바로 세우는 治家의 주체로까지 나아가기 때문이지요.

〈비부〉와 〈선혜청 서리 처〉의 아내들도 과부는 아니지만 전술한 두 작품 속 과부와 사실상 동일한 능력을 가지며 동일한 역할을 해내는 존재라고 할 수 있습니다. 과부들은 남편의 부재로 인해 가계 운영에 직접적으로 나서야만 했던 것과 달리 이들은 가부장으로서의 남편이 곁에 있는 상황에서도 가업 및 가문의 유지와 번영을 위해 적극적으로 개입하고 이를 주도하기에 더욱 남달랐습니다. 결국 네 작품의 여성 인물은 모두 가계 운용의 주체이자 가문 번영의 선구자라고 규정할 수 있겠습니다.

〈이조집〉 소재 치부·치산담 중 여성 인물의 주도적 행위가 두드러지는 9편의 자료를 검토한 결과 이들은 모두 민담적 화소를 수용했지만 종국에는 구비설화가 추구하는 환상성과는 다른 길을 선택했음을 알 수 있었습니다. 가정 경제의 실질적 운용자로서 당대 여성의 역할을 조명하여 그들의 치부 및 치산 행위를 핍진하게 기술한 '교술성'이 오히려 공고해진 것이지요.

예컨대, 과부와 같은 여성 가부장이나 자신의 신분 해방을 위해 남성의 킹메이커를 자처한 여종, 남편이 소속된 직업 세계의 각종 위험 요소들을 치밀한 계획과 현명한 처세로 소거한 서리의 처 등 입체적 캐릭터를 발견할 수 있었습니다. 이들이 등장하는 이야기는 보물단지 발견, 발복할 만한 명당터를 손쉽게 감별해내는 예지력과 같이 민담적 화소를 일부 차용하고 있었지만 서사 전반의 맥락 속에서 이를 다시 검토해보면 작품 자체가 궁극적으로 환상성을 지향하고 있다고는 보이지 않았습니다. <은항아리>의 경우 판타지를 전면적으로 거부하고 현실에 맞서는 전개를 택한 점이 매우 독특하기까지 했지요. 이와 같은 점으로 볼 때 여성 치부·치산담은 여성 인물의 현실적 생존 능력, 주도면밀한 정치력을 부각해 여성도 가업 및 가문 번영의 시원적 존재가 될 수 있음을 보여주었습니다. 즉, 여성은 가정 내의 살림만을 책임지는 어의 그대로의 주부主婦에만 머물지 않고 사회적 역할을 주저 없이 결행할 줄 아는 적극적 존재로서 혁혁하게 인정될 수 있다는 당대인의 현실 인식이 바로 여성 치부·치산담의 전승 동력이지 않았을까요?

물론 현대적 의미의 여성주의 시각이 당대에 존재했다고 볼 수는 없을 것입니다. 따라서 여성 치부·치산담의 여성들은 그와 같이 남다른 존재가 소수나마 실존 인물로 당대인들 사이에 회자되면서 직간접적으로 이를 접한 남성 문인들이 기록해 두었을 가능성이 있습니다. 또는 실존적 존재 여부와는 무관하게 애초부터 창작된 서사 속에서 작가의식을 대변하기 위해 동원된 허구적 인물일 가능성도 있습니다. 어떤 경우라도 가부장제 사회에서 제 역할을 하지 못하는 남성들을 계도하기 위한 방편으로 기록된 글일 것입니다. 호란의 패배를 '박씨'라는 가상 여성 인물의 활약을 통해 자성했듯이, 민담의 허구성을 빌려 교술문학의 사회적 역할을 더욱 선명하게 부각하려 했던 것이 여성 치부·치산 서사의 저술 배경이라고 봅니다.

안사람 혹은 집사람, 바깥양반이라는 관습적 지칭에서 확인되듯이 가부장제 사회의 여성은 대외활동의 기회가 박탈된 채 일생을 사실상 집안에 숨어 사는 존재라는 점에서 어느 정도 이인적 성격을 담지하고 있습니다. 또한 남다른 지혜와 특별한 능력으로 문제해결을 해낸다는 점에서도 이인의 범주에 포함될 수 있습니다. 그러나 이러한 여성의 모습은 기실 전통 사회가 여성에게 기대하던 지극히 보편적인 요소들에 지나지 않습니다. 즉, 보이지 않는 곳에서 놀라운 능력과 의지를 발휘해 묵묵히 문제해결을 해가며 건전한 삶을 꾸려가는 여성이란 결국 '이인 아닌 이인'이라 불러도 좋지 않을까요?

이를테면 연암이 돌아가신 형수를 기리며 쓴 묘지명에서 곡진하게 형상화해둔 '종부宗婦'의 삶을 떠올려 봅니다. 관직에 나아가고도 대대로 청빈했던 집안에 시집온 맏며느리이자, 평생을 가난 속에서 척박하게 살았던 한 선비의 아내로서 일평생 '봉제사奉祭祀'와 '접빈객接賓客'으로 점철된 삶을 그저 불굴의 의지만으로 부딪쳐 돌파해냈던 한 여인. 하루하루 끝없이 주어지는 삶의 난제 속에서 고단하고 애달픈 생애를 마감한 형수를 칭송하던 연암의 진정은 '가계 운용'을 위해 자신의 일생을 바친 형수의 지혜와 헌신을 향해 있습니다. 한 집안의 살림을 홀로 일구고 유지해 나가는 현실적 생존 능력이 뭇 여성들의 보편 능력이라는 점에서 내조內助라는 단편적 표현에 함의된 무게와 정체를 곱씹게 하는 글이라고 할 것입니다.

그런 점에서 여성 치부·치산담은 여성이 가진 보편적 생활력이란 실은 얼마나 위대한 것인가 하는, 지금까지도 노동으로 쉬이 환산되지 못하는 주부의 일상 즉, 가사家事에 대한 성찰적 재인식의 필요를 환기합니다. 여성의 가산 운용력에 대해 새로운 시각이 열리게 하는 것이죠. 여성 치부·치산담은 구비설화와 긴밀하게 교섭하고 있지만, 많은 이들이 가장 욕망하는 대상이면서도 가장 현실화하기 힘든 '부'의 실현을 위해 손쉽게 활용되는 '서사적 환상성' 즉, 도깨비나 횡재를 통한 우연한 발복을 완전히 탈각하고 선명한 현실 인식으로 전환하고 있기 때문입니다. 즉, 여성 치부·치산담은 이야기 속에서 환상적으로 처리되기 십상인 '부의 욕망'마저 현실 세계로 끌어오는 저력이 가부장제의 그늘에 가려진 지극히 평범한 여성들에게 내재된 보편적 생활력에 있다는 사실을 상기시킵니다.

그렇게 보면, 환상과 현실의 치열한 길항 속에서 얼핏 '이야기[허구]'로 봉합된 듯 보이지만 실은 엄정한 '사실'로서 기록된 교술문학이라는 것이 여성 치부·치산담의 정체가 아닐까요? 즉, 여성 치부·치산담은 전통적 현모양처와 생존형 여성 이인 사이에서 집안 살림의 소박한 일꾼이자 가업과 가문의 번영을 주도하는 선도자의 형상을 복합적으로 보여줌으로써 그 안에 신선하고 입체적인 여성 캐릭터를 확보해둔 서사적 자산이라

보아도 좋을 것입니다. 바리데기부터 원더우먼까지 여기에 다 있으니까요.

고요한 이야기꾼의 힘

고요한 이야기꾼의 힘

친절한 청춘의 동백 아가씨가 유혹한다면?

현대의 다양한 문화콘텐츠에서 여성 서사의 전통은 과연 얼마만큼 이어지고 또 얼마나 새로워지고 있을까요. 여기서는 영화나 드라마 등 현대인에게 가장 익숙한 방식의 이야기 속에서 과거의 여성들이 어떤 방식으로 소환되고 있는지 살펴보겠습니다. 우선 이 책에서 지금까지 살펴본 이야기들을 종합하면 누군가의 딸이자 아내, 며느리로서의 인물이 처절한 복수에 나서고, 힘겨운 상황 속에서 끝없이 인내하고, 때로는 어떤 시련에도 굴하지 않고 자립과 성취를 이뤄내는 이야기들 정도가 되겠네요. 이것을 유념하면서 현대 문화콘텐츠로 창작된 여성 서사 가운데 비교적 화제성이 있던 사례를 거칠게나마 연상하자면, 한동안 활발했던 여성 복수 서사가 먼저 떠오릅니다.

영화 〈친절한 금자씨〉(감독 박찬욱, 주연 이영애, 2005 개봉), 〈김복남 살인사건〉(감독 장철수, 주연 서영희, 2010 개봉)의 경우, 영화사적으로 국내외에서 두루 좋은 평가를 받은 작품이면서 모두 여성 주인공이 전면에서 원톱으로 극을 이끌어가는 서사라는 점이 인상적입니다. 이들의 성공에 힘입어 두 작품이 제작된 사이에 여성 복수 서사가 꾸준히 양산되었다고 할 수 있는데요, 흥미로운 점은 현대 콘텐츠에서 여성이 복수에 나서는 동기와 동력이 주로 '모성'으로 초점화된다는 점입니다. 예컨대 어느 날 갑자기 아이가 납치·유괴된다거나, 우연히 자식이 어떤 사건에 휘말리게 되면서 그의 무죄를 입증해야 하는 상황에 처한 '엄마'가 등장하는 것이죠. 극단적으로는 자식이 아예 죽어버렸거나 혹은 자식이 죽기 일보직전의 긴박한 위기에 처해 있는 엄마. 현대의 여성 복수 서사는 대개 그런 엄마를 주체로 설정하여 처절하고 절박하게 진행되기 때문에 서사 장르는 자연히 범죄 스릴러가 많아진 것으로 보입니다. 2007년에 개봉한 영화 〈세븐 데이즈〉(감독 원신연, 주연 김윤진)와 〈밀양〉(감독 이창동, 주연 전도연)을 들 수 있겠네요. 이들과 비슷한 맥락이면서도 모성을 색다른 관점에서 조명한 영화 〈마더〉(감독 봉준호, 주연 김혜자, 2009 개봉)의 경우는 과도한 모성으로 자식의 범죄사실을 두둔하는 사태를 다루어 눈길을 끌기도 했습니다.

이렇듯 대중에게 익숙한 현대 여성의 복수는 중세 이전의 고대로까지 소급되어 결국 신화 시대의 모성성에서 그 기원을 찾을 수 있습니다. 그러나 결국 비슷한 작품이 반복-재생산되었다는 면에서는 일정한 한계를 가진다고도 하겠는데요, 이런 점을 의식한 탓인지 최근에는 복수의 주체가 달라지고 있기도 합니다. 영화 〈협녀, 칼의 기억〉(감독 박홍식, 주연 김고은 등, 2015 개봉)과 넷플릭스 시리즈 드라마 〈마이 네임〉(감독 김진민, 주연 한소희, 2021, 8부작)의 경우 작품에 대한 평가나 흥행 성적은 초라한 형편이었지만 기존 작품들과 달리 복수 주체로서의 여성이 부모의 원수를 갚기 위해 나선 딸로 설정되어 있습니다. 또한 딸을 연기한 배우들은 각각 소녀 이미지로 소비되는 신인들이 맡았다는 점도 공통적입니다. 시대적 배경은 다르지만 딸의 복수를 박진감 있게 그려내기 위한 방편으로 두 작품 모두 액션 장르를 선택했다는 점도 특기할 만합니다.

이들은 정숙한 소녀였던 박효랑이 죽은 아버지의 복수를 위해 직접 말을 타고 칼을 휘두르며 적진으로 돌진했던 장면을 연상케 하는 작품들이라고 하겠습니다. 예전이나 지금이나 연약한 소녀가 부모의 원수를 갚기 위해 직접 칼 혹은 총을 들고 맹렬한 기세를 보여주는 장면은 대중에게 강력한 쾌감을 선사하는 서사 장치인 것 같습니다. 이전 시기의 여성 복수 서사가 원초적 모성만을 복수의 유일한 동력으로 부각했던 데에 비하면 최근 제작된 작품들을 통해 여성 복수 서사의 자장이 좀 더 확장되었다고 볼 수 있겠습니다. 더욱이 아버지를 위한 딸의 복수라는 점에서 중세에 기록된 효협 서사의 전통을 부활시킨 의미도 부여할 수 있습니다. 제작에 관여한 사람들이 실제로 어디까지 의도했는가의 문제와는 별개로 콘텐츠 수용자의 입장에서는 그런 해석을 시도해볼 여지가 충분하다는 얘기입니다.

열녀 서사는 현대에 이르러 자칫 그 흔적이 사라졌다고 오인되기 쉬우나 결코 그렇지 않습니다. 원작 소설을 바탕으로 제작된 애플TV+ 시리즈 드라마 〈파친코〉(감독 코고나다 외, 주연 김민하, 윤여정 외, 2022, 8부작)를 떠올려 보세요. 이 작품이 일구어낸 국제적 성취는 민감한 한일 관계의 역사적 배경을 되짚어 전 세계에 알림과 동시에 그 민족사를 관통하는 불굴의 한국 여인상을 감동적으로 그려냄으로써 문화 전파의 힘을 실감케 해주었다는 데에 있습니다. 한국계 미국인들이 의기투합한 작품으로는 더할 나위 없는 한국사 콘텐츠이자 과부 서사가 아닌가 합니다. 물론 이런 작품이 미국에서 제작된 데에는 다인종·다문화 국가로서 미국이 안고 있는 이민자들에 대한 사회적 고민을 소위 디아스포라Diaspora 문학을 통해 환기하려는 움직임과 무관하지 않을 것입니다. 재미교포 2~3세대들의 다양한 작품을 주목해온 미국 내의 입장이야 따로 있겠습니다만 우리에게는 〈파친코〉가 여러 면에서 귀하고 고마운 작품이라는 사실이 달라지지는 않을 것 같네요.

이번에는 '싱글맘'이라는 이름으로 우리 대중문화 속에 심심찮게 등장하는 일종의 변이형 과부 캐릭터들을 떠올려 보겠습니다. 중세 및 근대까지 과부라는 이름으로 명명되던 존재들은 현대로 접어들며 싱글맘이라는 새로운 이름으로 불리기 시작하는데요, 이름표만 바꾸어 달았을 뿐 어떤 이유에서든 결국 남편의 부재로 인해 홀로 척박한 삶을 살아내야 할 처지에 놓인 여성이라는 점은 동일합니다. TV드라마가 대중문화의 정점에 있던 시대의 고전이라 할 〈청춘의 덫〉(극본 김수현, 주연 심은하·전광렬 등, 1999, 24부작), 그로부터 20년이 지나 등장한 〈동백꽃 필 무렵〉(극본 임상춘, 주연 공효진·강하늘 등, 2019, 40부작)을 사례로 보겠습니다.

가장 먼저 눈에 띄는 것은 두 작품의 제작 시기에 무려 20년의 격차가 있음에도 서로 높은 유사성을 보인다는 점입니다. 싱글맘이라는 이름으로 다시 태어난 이 현대식 과부 서사는 이른바 '키다리 아저씨'형 남성과의 결합 즉, 남편으로서 적당한 면모를 두루 갖춘 새로운 남성의 구원으로 행복한 결말에 이르는 정형성을 따릅니다. 과부이지만 처연한 아름다움(심은하) 혹은 해맑은 사랑스러움(공효진)을 가졌으며, 척박한 삶 속에서도 불굴의 의지를 가진 강철 여인이거나 긍정과 낙관의 표상과 같은 이미지로 묘사됩니다. 이들은 그러한 외모와 태도

덕분에 또한 능력과 외모가 출중한 남성에게 발탁됩니다. 그리고 그것은 과부에게 보호자로서 제 역할을 할 수 있는 새로운 남편이 생기면서 과부의 시련이 종료되는 결말로 이어지고요.

1999년작의 경우는 그때와 지금의 시대정신이 조금 다른 만큼 일련의 설정을 구태로만 치부하기는 어려운 면이 있습니다. 특히 〈청춘의 덫〉에서 과부가 새 남편과 결합하는 과정은 곧 복수에 기반한 서사였기 때문에 나름대로는 여성의 주체성을 담아내려 했던 흔적이 역력하다고 하겠습니다. 그러나 1999년작이 이러한 다층적 서사구조를 보이는 반면, 2019년에 방영된 TV 드라마가 여전히 과부를 결핍된 존재로 상정하고 반드시 남성의 구원으로만 행복에 이를 수 있는 존재로 제한한 것은 아쉬움이 남을 수밖에 없는 일입니다. 앞서 살펴본 여성 치부·치산담의 사례만 떠올려 보더라도 이것은 오히려 근대 시기의 여성 서사로부터 퇴행한 것이나 다름없으니까요. 그럼에도 해당 작품은 휴머니즘 힐링 드라마라는 상찬과 함께 21세기 대중들에게 큰 사랑을 받을 수 있었다는 사실이 놀랍기도 했습니다. 휴머니즘이라는 외피를 쓴 채 정작 신중하게 다루어야 할 예민한 문제들은 너무 가볍게 처리해버린 것은 아닌지 이 작품의 제작자와 향유자 모두 한 번쯤 생각해볼 일이 아닐지요.

차라리 막장 드라마라는 오명을 쓰고 끊임없이 회자되는 〈인어 아가씨〉(극본 임성한, 주연 장서희 등, 2002, 247부작), 〈아내의 유혹〉(극본 김순옥, 주연 장서희 등, 2008, 129부작) 같은 사례가 현실주의적 사고를 반영하고 있는 점에서는 오히려 대중 서사로서의 의미가 더 선명해 보입니다. 제 본분을 다하지 못하고 조강지처를 버린 남편에 대한 아내의 복수 서사라는 점에서 대중에게 익숙한 통속적 쾌감을 충분하게 전달하고, 여성 캐릭터 역시 순종적 현모양처에서 치밀하고 대담한 인물로 전환하는 입체성을 확보하고 있으니까요. 막장이라도 많은 이들이 빠져드는 데에는 그럴 만한 이유가 마련된 작품이 있는가 하면, 티 없이 착하게만 보이던 이야기가 오히려 불편한 사실들을 덮어놓고 포장하며 교묘하게 굴기도 하니 드라마나 영화를 볼 때 우리의 눈이 조금은 더 예리해질 필요도 있겠습니다.

조선 과부를 소환하는 '퓨전'이라는 마법

얼마 전 디즈니에서 〈인어공주〉를 실사화한 영화를 선보였다가 큰 소란이 있었지요. 애니메이션으로 이미 큰 사랑을 받았는데 사람들이 기억하고 있는 그때 그 만화 캐릭터와는 많이 다른 모습의 배우가 주인공으로 뽑히면서 실사화 시도가 크게 실패하고 말았습니다. 만화 캐릭터는 하얗고 깜찍한 모습인데 개성 있는 외모의 흑인 배우가 주인공을 맡았거든요. 영화가 제작되는 단계부터 개봉 이후까지 애니메이션 〈인어공주〉를 기억하는 전 세계의 팬들이 그 배우에게 얼마나 모질게 굴었던지요. 당신이 내 소중한 추억을 다 망쳐놨다면서요.

그런데 주인공의 외모가 달라지는 게 그렇게 큰일일까요? 문제는 외모만 바꾸었다는 데에 있을 겁니다. 예전과 달라진 모습의 주인공을 내세운 만큼 이야기도 새롭게 잘 단장했더라면 주인공의 외모 논란이 그렇게까지 심각한 지경에 이르지는 않았을 거예요. 이야기 자체를 두고 진지하게 고민한 흔적은 잘 보이지 않으면서 "옛날 이야기의 공주가 죄다 백인이라 불만이라고? 옛다, 흑인 공주!"하는 식의 태도였으니 이런 디즈니의 경솔함 때문에 애꿎은 배우만 상처를 입은 안타까운 사건입니다.

옛날 옛적의 이야기를 오늘날에 되살려내는 일이란 이렇게나 까다롭고 어렵습니다. 인물전이든 설화이든 케케묵은 옛날 이야기들을 공부하다 보면 저도 문득 이런저런 이야기를 현대화한다면 어떨까 상상해보는 날이 있는데요, 물론 창작과 연구는 다른 일이니 상상은 대개 상상으로 그칩니다. 그러나 마음에 드는 이야기를 만날 때면 그런 아쉬움이 더 커지기 마련이니 그럴 때마다 누가 알아서 좀 요즘식으로 재미나게 만들어줬으면 싶어져요. 이런 제 속에 누가 들어갔다 나오기라도 한 것일까요. 최근 방영된 TV드라마 〈밤에 피는 꽃〉은 지금까지 이 책에서 언급한 거의 모든 여성 캐릭터들을 저로서는 엄두조차 내지 못할 만큼 신박한 상상력으로 엮어냈다는 생각이 들어 볼 때마다 놀라지 않을 수가 없었습니다.

과부이자 협녀인 주인공이 정의 구현을 위한 복수에 나서 통쾌하게 성공하는 이 작품은 우선 과부라는 존재를 둘러싼 전통 시대의 맥락을 섬세하게 그려낸 전반부가 눈길을 끕니다. "슬프지도 않은데 매일 울어야 하는 내 인생, 밖은 위험하니 담장 안에서 말라죽으라는 겁니까!"라는 외침, 그러나 "제가 집을 나오면 누구로 살 수 있습니까, 얼굴은 있습니까? 이름은 있겠습니까?"하는 체념. 이런 상징적 대사들이 반복적으로 상기되면서 이러지도 저러지도 못하는 과부의 막막한 현실을 전합니다. 지아비를 그리는 것 외엔 아무것도 하면 안 되는, 그저 살아있는 것만으로 죄인이 되어버리는 존재가 바로 과부였음을 정확하게 보여주는 것이지요. 주인공이 사대부가의 과부로 설정되었기에 열녀문을 하사받기 위한 유력 가문 간의 경쟁도 현실적으로 반영되어 있습니다. 집안에 열녀문이 내려지면 대대로 가문의 영광으로 여겼던 만큼 그 영광을 쟁취하기 위해 과부 며느리들은 시부모로부터 여묘살이를 강요당하거나 자결을 종용당했던 점이 극적인 장면들로 부각됩니다.

황금 시간대의 주말 밤에 이토록 갑갑하고 우울한 과부의 현실을 마치 다큐멘터리처럼 선명하게 보여주는 드라마를 대하자니 이게 나야 재밌지만 얼마나 좋아들 할까 싶어지더군요.

이런 드라마 잘됐으면 좋겠는데 하며 쓸데없이 혼자 초조해하는데 이 한 많은 과부 주인공은 대뜸 "소복만 입고 지내기에는 너무 지루해서요"라며 씨익 웃어 보입니다. 그러더니 복면을 쓰고 담장을 뛰어넘어 지붕 위로 날아올라요. 그렇게 집 밖으로 뛰쳐나가 대체 무얼 하는가 보니 그녀는 그저 어려움에 처한 약자를 돕고 못된 악당들을 시원하게 혼내주는 달밤의 히어로가 아니었겠습니까.

이게 말이 되나 어쩌나 고민할 틈도 없이 이야기는 재빠르게 흘러가며 자칫 무겁게 가라앉을 법했던 극의 분위기가 순식간에 전환됩니다. 낮에는 수절과부, 밤에는 복면 자객이라는 반전 캐릭터가 이끄는 통쾌한 활극은 제작진의 의도대로 코믹 판타지 액션을 향하는 듯 보이지만 어쩐지 마냥 우습지는 않습니다. 정체를 들켜 붙잡힌 복면 과부가 "살아있는 것만으로 죄인인 내가 어떻게든 살고자 하는 것이니 제게도 살 기회를 주시겠습니까"라며 눈물겹게 항변하는 대목은 담장 안의 정숙한 과부와 칼을 차고 내달리는 협녀의 말도 안 되는 결합을 설득합니다. 죽었어도 온전히 죽었다 할 수 없고, 살았어도 제대로 살지 못했던 그 옛날의 진짜 과부들을 떠올리면 이보다 더한 상상인들 그 마음에는 충분할 리가 있겠나요.

피붙이(오라버니)를 죽인 원수(시아버지)의 교만한 권력욕을 만천하에 밝혀 죗값을 치르게 함으로써 정의 사회 구현의 임무를 다한 주인공은 훌쩍 떠나는 결말로 협녀 캐릭터의 정체성까지 착실하게 보여줍니다. 어느 집안의 며느리, 누군가의 부인, 누군가의 정인이라는 말을 더는 듣고 싶지 않다던 그녀는 모두의 응원과 격려를 받으며 자유롭게 홀로 살아가기로 결정합니다. 남은 생은 그대를 위해 살겠노라며 절절하게 고백해오는 멋진 종사관 나으리에게도 내 걱정은 말고 본인부터 행복하게 사시라 당부하고 떠나버리지요. 삼종지도의 윤리를 따라야 했던 조선의 여인이 누구에게도 더 이상 예속된 삶을 살지 않겠다 선언하는 이 장면을 통해 〈밤에 피는 꽃〉은 담장으로 표상된 사회적 제약을 뛰어넘는 '탈이념의 스토리텔링'으로 완성되었다고 봅니다. 조선 과부의 척박한 현실이 21세기의 명랑한 상상력으로 비로소 얼만큼은 해원解冤되지 않았는가 생각해요.

물론 종사관(남자 주인공)과의 애정 서사가 시청자를 흡인하는 중대 요소였음을 부정하려는 것은 아닙니다. 몰살당한 일가의 유일한 생존자이면서 끔찍한 그날의 기억이 온전치 못한 종사관은 '살아있는 것만으로 죄인'이라는 정체성을 과부(여자 주인공)와 공유합니다. 두 주인공이 사실상 같은 운명인 점에 토대하여 애정과 복수 서사가 중층적으로 진행되는 것이지요. 남녀 주인공의 로맨스라면 일단 첫눈에 반하고 보는 장면이 아직도 흔하고 흔한데 여기서는 공조 관계가 먼저 형성된 이후 비로소 깊어지는 애정을 단계적으로 그립니다. 상대의 선행에 대한 동조와 지지의 표현으로 그의 비밀을 눈감아주던 마음이 어느덧 연정으로 바뀌는 과정은 조용히 퍼져나가는 물동그라미처럼 자연스럽고 차분한 사랑의 모양이었습니다. 담장 안의 과부가 성에 갇힌 공주로, 종사관은 백마 탄 왕자가 되어 누가 누굴 일방적으로 구하는 식의 구태적 로맨스가 없어 편안하게 보았어요.

아울러 멋진 사람을 좋아한다며 복면 아내의 비밀을 모른 척 응원하는 청나라 유학파 남편도 흥미로웠습니다. 죽은 줄만 알았는데 멀쩡히 살아돌아온 지아비라니, 후반부에 등장한 이 캐릭터가 행여 주인공들의 애정 전선에 훼방꾼이 될까 염려하던 시청자들이 많았다고 합니다. 그 아슬아슬함을 또 한번 유쾌하게 반전시킨 신선한 가부장 캐릭터라 의미가 깊습니다. 그 밖에 글을 배우고 셈에도 밝아 큰 살림을 척척 운용하는 대행수와 심부름꾼 아이들은 바로 앞장의 어느 치부담 속 여성 캐릭터가 그대로 환생한 듯합니다. 또 그 옆에서는 좌부승지라는 그 시절의 고관 나으리가 한미한 여성들의 배움을 편견 없이 독려합니다. 다채롭게 진화한 캐릭터들이 겹겹이 쌓아올린 연대과 공존의 세계가 진짜 막강한 반체제적 서사를 탄생하게 했다는 점은 곱씹을수록 흐뭇하네요.

이야기 속 열녀들을 애달파하던 저에게야 믿기 어려울 만큼 반갑고 귀한 작품임이 틀림없지만 <밤에 피는 꽃>이 대중 큰

텐츠로서 큰 사랑을 받았다는 점도 기쁩니다. OTT 플랫폼[1] 등 콘텐츠 시장이 확장되면서 지상파 TV프로그램은 예전만큼의 화제몰이가 쉽지 않아 인기 예능 프로그램도 시청률 3~5% 정도면 성공이라고 합니다. 그러니 MBC 금토드라마로 방영된 12부작짜리 〈밤에 피는 꽃〉이 기록한 20%에 육박하는 시청률은 기념비적 성과라는 게 쉽게 가늠이 되지요. 대개 미니시리즈 드라마는 16~20부작으로 제작되고 후반으로 갈수록 유입되는 시청자가 많아질 수 있기 때문에 회차가 늘수록 더 높은 시청률을 기록하기가 수월하다고 하네요. 그래서 아직은 20부작 내외의 드라마가 많고 그렇게 만들어진 작품은 두 자릿수 시청률만 기록해도 방송가에서는 대성공으로 여긴다니 10회 남짓의 실험적 작품이 기록한 20%라는 수치는 실로 놀라운 성과가 아닐 수 없겠습니다.

반드시 그런 것은 아니겠지만 시청률은 많은 사람들이 주인

---

1 인터넷을 통해 방송 프로그램, 영화, 교육 등 각종 미디어 콘텐츠를 제공하는 서비스를 말합니다. OTT는 'Over-The-Top'의 줄임말로, 기존의 지상파 방송이나 케이블TV 서비스를 통하지 않고 인터넷을 통해 콘텐츠를 제공한다는 뜻입니다. 유튜브, 넷플릭스, 애플티비플러스, 디즈니플러스 등 글로벌 기업이 선두로 나섰고 한국에서도 티빙, 왓챠, 웨이브 등이 출시되어 있습니다. 이들은 모두 스마트폰, 태블릿, 노트북 등의 다양한 기기를 통해 시간과 장소에 구애받지 않고 원하는 콘텐츠를 시청할 수 있다는 막강한 장점이 있어 정해진 방송시간에 맞추어 시청해야 했던 기존 TV 프로그램의 소비 방식에 큰 변화를 가져왔습니다.

공을 비롯한 여러 캐릭터를 응원할 만큼 작품에 빠져들었다는 방증이 되기도 합니다. 콘텐츠 소비자의 수준이 제법 까다로워지면서 TV드라마의 시청자들도 너무 뻔하거나 너무 엉뚱한 이야기는 쉽게 받아들이지 않기도 하는데요, 〈밤에 피는 꽃〉은 혹 누군가 유치하고 우습다 여겨 외면할지 모를 위험까지 치밀하게 대비한 듯합니다. 날아다니는 복면 과부를 낯설어 할 시청자에게 이 작품은 약자를 돕는 영웅 캐릭터, 절제된 애정 서사, 부정부패 척결의 시대정신 등을 골고루 함께 보여줍니다. 긴 세월 변치 않고 길동이와 춘향이를 국민적 캐릭터로 사랑해온 한국인에게 가장 친숙한 요소들이네요. 즉, 이 작품은 이미 보증된 '되는 이야기'의 고전 공식들을 곳곳에 영민하게 적용하고 있습니다. 많이 먹어봐서 잘 아는 맛으로 대중에게 다가가 전통 시대 여인들의 불합리한 삶을 한 번쯤 돌아보게 했으니 잘 차려진 퓨전 요리 한 상으로 소문난 맛집이 된 경우라 하겠습니다.

맛집이라도 모든 사람이 다 만족하는 것은 아닐 겁니다. 이것저것 다 뒤섞인 게 오히려 괴상하다고 여길지 모르겠어요. 그래도 제 입에는 고전과 현대, 텍스트와 미디어가 한 상에 어우러진 이런 식의 퓨전 요리라면 맛이 있습니다. 물론 퓨전을 표방한 사극 중에는 저도 못 먹겠는 졸작도 많지만 그동안 그런 것들이 많이 쏟아져나온 끝에 마침내 이만큼 안정적인 작품을 만날 수 있었다는 생각도 드네요. 융복합의 시대, 조금 서툴고 엉성하더라도 도전적이고 분방한 시도들을 저는 앞으로도 자주 볼 수 있으면 좋겠습니다.

이야기가 된다, 이야기꾼으로 산다

요즘 TV드라마는 볼 게 있나 싶던 사람들을 한바탕 과몰입하게 만들어 역대 드라마 시청률표 상단에 이름을 올렸으니 한동안 <밤에 피는 꽃>의 아류작, 모방작 등이 쏟아져 나올 테지요. 여성 서사의 활발한 창작이야 기대되는 일이지만 혹 여자들끼리만 재밌는 이야기가 아니라 성별과 나이, 세대를 불문하고 다 같이 편안하고 즐겁게, 또한 가치롭게 받아들일 수 있는 스토리텔링을 위해서는 어떤 고민이 더 필요할까요. 어려운 문제인 만큼 어떤 작품을 다루어야 좋을까 고민을 길게 했는데 어쩌면 제가 가장 좋아하는 것을 이야기해봐도 좋지 않을까 용기를 내보겠습니다.

어릴 때 저는 <소공녀A Little Princess>를 참 좋아했습니다. 가장 여러 번 펼쳐보았던 그림동화책인데 그림 속의 케이크도 예쁘고, 작은 원숭이도 귀엽고, 주인공이 살던 누추한 다락방마저 다 낭만적으로 보였어요. 어릴 때라 그런 그림들이 좋아서 보고 또 보았던 것 같은데 더 자라서 원작 소설을 읽어보니 역시나 이야기의 힘이 막강했었다는 걸 깨닫고 더욱더 좋아해

온 작품입니다. 그렇게 〈소공녀〉를 좋아하던 아이는 성인이 된 어느 날 〈아웃 오브 아프리카Out of Africa〉라는 영화를 보게 되는데요, 두 작품은 어딘지 많이 닮아 있어 이 영화도 아주 여러 번 보았습니다. 영화의 원작이 소설이 아닌 자서전이었다는 점은 또 얼마나 놀랍던지요.

제가 가장 오래도록 좋아해온 〈소공녀〉와 〈아웃 오브 아프리카〉, 어쩌면 하나의 이야기이기도 한 이들은 우선 성장과 자립에 방점을 둔 전통적 여성 서사입니다. 이 작품들에는 부분적으로 조력자가 등장하기도 하지만 여성 인물에게 가해진 일련의 시련과 역경을 극복하는 주체는 결국 여성 자신이라는 점에 주목할 필요가 있습니다. 더욱이 이 여성들은 가족의 일원으로서 아버지나 남편을 위해 과도하게 희생해야 하는 종속된 존재가 아닙니다. 그저 외딴 기숙학교에 방치된 한 소녀이고, 미지의 땅 아프리카에 홀로 내던져진 젊은 여인일 뿐이죠. 물론 이들을 시련으로 내몰아간 근원적 존재는 소녀의 아버지이고 여인의 남편입니다. 그러나 이 소녀와 여인은 새로운 보호자로서의 남성을 찾아나서거나 혹은 그들에게 발탁되기를 수동적으로 기다리지 않습니다. 그들을 구원하는 것은 오직 그들 자신뿐이라는 점을 분명하게 알고 있는 인물들이기 때문이에요.

〈소공녀〉의 소녀는 일종의 상상놀이를 통해 혹독한 현실 속에서도 지치고 않고 자기자신을 지키며 살아갈 수 있는 삶의 방식을 스스로 터득합니다. <아웃 오브 아프리카>의 젊은 여인도 끝없는 상상력을 발휘해 미래를 전망하고 과감하게 도전과 실패를 거듭하면서 자신만의 삶을 개척합니다. 이들은 주변을 포용하는 배려와 유연함을 가졌을 뿐 모성의 화신처럼 묘사되지도 않아요. 다만, 참으로 독특한 점이 있다면 두 사람 모두 탁월한 '스토리텔링' 능력을 가진 존재라는 점이 부각됩니다. 언제나 그들은 그들이 들려주는 이야기를 듣기 위해 모여든 사람들에게 둘러싸여 있어요. 스토리텔러 즉, 이야기꾼으로서의 재주 덕분에 소녀는 진정한 친구들을, 여인은 자신을 이해하는 유일한 연인을 만납니다. 그렇게 상상력을 통해 구축한 자기만의 세계를 소중한 사람에게 공유하면서 그들은 너무도 자연스럽게 현실의 문제들을 차근차근 돌파해 나갑니다. 이 작품들은 결국 '서사적 상상력'이야말로 인간이 자기 자신을 구원하는 근원적 동력이 될 수 있다는 중대한 사실을 말하고 있는 것이지요.

누군가의 기억에 오래오래 자리하고 있던 이야기는 이렇듯 진실되고 꿋꿋하게 이야기하기를 좋아하는 사람들이 빚어낸 것이었네요. 진실되고 꿋꿋하게 이야기하기를 좋아하는 사람이 빚어가는 삶은 강하고 아름다웠습니다. 내가 하는 이야기가 곧 나의 삶이니 억지로 거짓 이야기를 지어내기 일삼는다면 그 삶은 병들게 되고, 어느 만큼 잘 살아왔더라도 더 이상 새로운 이야기를 이어가지 못할 때에는 삶도 제 자리에 고여있게 되겠지요. 두 작품 속의 이야기꾼들이 제게 일깨워준 인생의 이치라 할까요. 실상 이것은 더 이상 여성 서사로서의 의미에만 한정될 필요도 없이 성별을 떠나 우리 모두의 삶에 절실한 교훈이기도 할 것입니다. 우리는 다 자기만의 진실된 이야기를 끊임없는 상상으로 이어가며 저마다의 삶을 일궈내고자 하고, 삶의 보람과 재미란 그런 세계 속에서 매일 새롭게 열리는 것이지 않습니까.

이야기를 잘하려면 그럼 무엇을 해야하나요? 이야기를 잘한다는 것은 단순한 말재간은 아닐 것입니다. 이야기를 잘하기 위해서는 특별한 정신과 감수성이 필요해요. 그것이 갖춰진 이후라면 설령 말은 좀 어눌해도 문제가 되지 않습니다. 이야기를 잘한다는 건 말 몇 마디 잘하는 것보다 훨씬 어려운 일이니 그것은 실로 남다른 재주이며 능력입니다. 그렇기에 처음부터 이야기꾼으로 태어나는 사람은 없습니다. 이야기를 아주 잘하는 사람을 보았다면 틀림없이 부단한 노력을 했을 거예요. 이 세계를 바라보는 자기만의 감각과 태도가 만들어질 때까지 멈추지 않고 생각하고 또 생각했을 겁니다. 사색하는 습관만큼 인간의 성장에 이로운 것이 또 있을까요.

앞서 고백한 두 작품도 그렇고 〈제인 에어〉나 〈빨간 머리

앤> 등 고전 명작이란 이름으로 어릴 때부터 널리 읽히는 서양 전통의 여성 서사에는 유독 '상상력'에 대한 언급이 자주 보이는데요, 사색이라는 말도 상상력의 다른 이름이 될 수 있겠다는 생각을 해봅니다. 비슷하지만 조금 더 묵직한 어감을 지닌 '사색思索'은 우리식의 사고와 정서에 조금 더 와닿는 표현이 아닌가 해요. 그리하여 사색하는 인간, 끊임없이 생각하며 자기만의 삶을 묵묵히 살아낸 사색적 인물이 등장하는 우리 옛이야기 한편을 들면서 이 책을 마무리할까 합니다.

옛날 옛적 한 마을에 조용히 길쌈하기를 좋아하던 소녀가 살았습니다. 어려서 어머니를 일찍 여읜 탓에 소녀는 친아버지, 새어머니와 함께 살았어요. 현실에는 행복한 재혼 가정도 많을 텐데 이야기 속 새어머니들은 왜 그리 못된 이들이 많은지요. 이 계모도 그랬어요. 전처의 딸인 그 소녀를 특별한 이유도 없이 몹시 미워했거든요. 안 그래도 밉던 소녀가 바느질 솜씨까지 뛰어난 것을 보자 계모는 마음이 더 뒤틀려버립니다. 그래서 말도 안 되는 모함을 해서는 그만 소녀의 양 손목을 댕강 잘라 집 밖으로 내쫓아버려요. 어린 쥐를 잡아다가 털가죽을 벗겨 몰래 이불 속에 넣고 처녀가 사생아를 낳았다며 호들갑을 떠는 장화홍련식의 바로 그 모함이요. 여성의 정절이 너무 중요했던 시대라 옛이야기 속 계모들은 보통 이런 모함을 자주 하고, 친아버지들은 또 이 말에 곧잘 넘어갑니다. 그리하여 시집도 안 간 딸이 망측한 일로 집안 망신을 시켰다 여긴 이 소녀의 친아버지도 악독한 계모가 딸의 손을 자르는 것을 잠자코 보고만 있었다 하고, 어느 버전에서는 아예 친아버지가 직접 딸의 손을 잘랐다고도 하네요.

섬뜩하게 시작된 이 이야기는 손이 잘린 채 쫓겨난 소녀의 고생담으로 곧장 이어질 만 한데 뜻밖에도 소녀는 따뜻한 보호자들을 만납니다. 마음씨 좋은 한 소년이 소녀를 가엽게 여겨 가족으로 맞아주어요. 둘은 부부가 되었고 시어머니도 며느리를 따뜻하게 대해주었어요. 시간이 흘러 소년이 과거 공부를 하러 멀리 떠나있는데 그 사이 손 없는 색시가 아이를 낳습니다. 시어머니는 너무 기뻐서 곧장 아들에게 편지를 보내는데요 글쎄 이 대목에서 아까 그 못된 계모가 다시 등장을 하네요. 이야기는 이야기인지라 다시 나타난 계모는 중간에서 편지들을 가로채 거짓을 꾸며내는 역할을 합니다. 이쪽에서 예쁜 아들을 낳아서 기쁘다고 써 보내면, 눈도 없고 코도 없는 아이가 태어났으니 이를 어쩌냐고 바꿔버리고, 저쪽에서 그래도 내 자식이니 잘 키워달라 보내오면, 그런 자식은 필요 없으니 자식도 색시도 다 내쫓아버리라 바꿔서 기어이 사단을 만들어냅니다. 아무리 마음씨 좋은 시어머니라도 아들의 냉담한 편지에는 그만 어쩔 수 없이 며느리와 손주를 내

쫓을 수밖에요.

포대기를 둘러 등에 아이를 업은 채 쫓겨난 손 없는 색시는 이제 진짜 혹독한 고난을 겪습니다. 손이 없어 무엇도 제대로 할 수 없으니 그나마 성한 다리로 무작정 걷기만 합니다. 어디로 가야 할지 어떻게 살아야 할지 길이 보이지 않아 두렵고 막막했겠지만 그래도 걷고 또 걷습니다. 무엇도 먹지 못한 채 길 위에서 오래 헤매다 보니 물이라도 마시고 싶어진 색시는 물가로 찾아갑니다. 손이 없으니 물을 먹기도 쉽지 않았겠지요. 바닥에 엎드려 수면 위로 고개를 숙이는 순간, 업혀있던 아이가 그대로 물 속으로 빠지고 맙니다. 아이고 아가야 하며 뒤늦게 물 속으로 팔을 뻗었지만 손이 없으니 색시와 아기는 그대로 멀어집니다. 그런데 그때 물 속에서 색시의 손이 되살아나 아기를 번쩍 들어올립니다.

마법 같은 일이지요. 인어공주는 마녀와 거래를 해서 임시로 잠깐 다리를 얻었지만 색시는 자신의 아기를 구하려는 간절함으로 스스로 손을 되찾은 셈입니다. 그래서 이 손은 다시 사라지지 않아요. 솜씨 좋은 손을 되찾은 색시는 다시 아기를 업고 이전보다 용기를 내어 걸어나갑니다. 다시 걷고 또 걷다 보니 색시 앞에 한 할머니가 나타나요. 외딴 곳에 홀로 살던 할머니는 색시와 아이에게 곧 새로운 가족이 됩니다. 색시는 할머니에게 옷감을 구해달라 부탁해 할머니가 마련해온 것들로 솜씨 있게 옷을 지어냅니다. 어느덧 자란 아이는 엄마가 만든 옷을 장에 나가 팔지요. 장터는 여러 사람이 오가는 곳이니 이제 그 장터에 누가 나타났을까요. 그때 그 마음씨 착한 소년, 억울하게 쫓겨난 색시를 찾아다니던 남편이지요. 자신을 꼭 닮은 아들을 한눈에 알아본 그는 부인과 눈물의 상봉을 하고 다시 만난 이들은 집으로 돌아와 행복하게 살았어요.

못된 계모는요? 당연히 이렇게 저렇게 벌을 받았다고 합니다. 그런데 놀랍게도 아버지는 딸에게 용서를 받습니다. 딸의 손목을 작두로 내려친 비정한 아버지이지만 이야기는 아버지도 계모의 모략때문에 피해를 입은 인물로 마무리하려는 것 같아요. 아무리 그렇다한들 딸의 마음 속 깊은 상처는 이미 낫기 힘들어 보이는데 이건 저만의 근심이었던가 봅니다. 딸은 자신을 버린 아버지를 뒤끝 없이 용서하고 이후로도 가까이 지내며 살뜰히 보살펴드렸다고 해요.

<손 없는 색시>라는 이름으로 전해지는 이야기입니다. 그동안 이 이야기는 오랜 세월 제주도에서 무가巫歌로 불려온 만큼 신화적으로 많이 해석되어 왔습니다. 한 많은 주인공의 삶이 굽이굽이 곡진하게 이어지는 서사이니 신神의 근본을 풀어내는 '본本풀이'로서 손색이 없지요. 그런데 우리나라 말고도 세

계 곳곳에 이와 비슷한 이야기가 있기도 해요. 대표적으로 독일의 그림 형제가 남긴 민담집에는 악마나 유령, 천사가 등장해서 종교적 색채를 보인다는 점 이외에는 기본적인 서사 구조가 우리의 〈손 없는 색시〉와 매우 유사한 이야기가 있습니다. 마치 콩쥐팥쥐와 신데렐라가 놀랍도록 비슷한 것처럼요. 그래서 〈손 없는 색시〉를 두고도 각 나라의 닮은 이야기들을 모아 서로 얼마나 같고 다른지 비교문학적 차원에서 접근하는 해석도 다양하게 발표되어 있습니다.

그런데 이 이야기를 바라보는 제 시선은 이야기의 유형이 신화이냐의 문제, 이야기의 기원과 전파가 어디서 어디로인가의 문제에 있지는 않습니다. 모두 중요한 공부거리인 것은 맞지만 〈손 없는 색시〉가 저에게 의미 있게 다가오는 지점은 '손 없는 색시'라는 캐릭터 그 자체였습니다. 이 캐릭터는 참 이상하지 않나요? 이렇게 긴 이야기의 주인공인데 손목이 잘린 외적 결핍 이외에는 서사적으로 인상적인 부분이 딱히 없으니 말이에요. 이게 만약 드라마나 영화라고 한다면 연기는 계모를 맡은 배우가 제일 열심히 해야 할 것 같아요. 주인공은 안쓰러운 외모 말고는 달리 돋보이는 면모가 없어서 연기를 하자면 대사도 거의 없고 너무 심심하지 않을까 싶습니다. 한 마디로 이 주인공은 이야기를 장악해서 힘차게 끌고 나가는 매력적 캐릭터가 아니에요.

색시는 오히려 끊임없이 시련에 휘말리며 끌려다니는 신세이죠. 한마디 저항도 없이 집을 나가라면 나가고, 누구든 같이 살자 하면 또 기꺼이 가족이 됩니다. 주어진 상황들에 순응할 뿐 스스로 어떤 주체적인 행동을 하는 장면을 보기는 어려워요. 그래서 저도 이 이야기를 처음 접했을 때는 별다른 애정이 생기지 않았습니다. 오히려 너무 답답하다는 생각이 많이 들었어요. 우스갯말로 고구마 백 개쯤 먹은 기분으로 왜 이 주인공은 계속 당하고만 있는지 내내 의문이 남았었습니다. 통과의례, 극복, 승리, 귀환 등 이야기의 보편적인 원리에 따르면 주인공들은 처음에야 무능하고 소심한 존재였다 할지라도 어느 순간에는 단단한 결심을 하고 크고 작은 도전을 해서 이야기를 이야기답게 완성해내는 역할을 하니까요.

이 가엽고 답답한 색시는 어떻게 보아도 수동적이라는 인상을 지우기 힘들 따름입니다. 표면적으로야 집을 떠나 어디론가 향하고 있지만 이 소녀의 나아감은 미지의 땅을 용기 있게 개척하고 발견하는 모험과는 분명히 다릅니다. 반복되는 시련과 고난 속으로 떠밀리며 시작된 불가피한 모험은 그 자체로 고행이기에 색시는 '나아가기'보다는 '기다리기'에 능한 인물이며 주어진 고통을 그저 '견디는 존재'에 가깝지요. 이것은 분명 우리에게 익숙한 주인공의 모습이 아니며 그렇기에 이 주인공의 변화를 능동적 성장이라 보기에는 어딘지 모호한 면이 있습니다.

그러나 이야기의 주인공이란 무엇이며 그가 이룩하는 성장은 또 무엇인가요. 이야기를 읽는 우리는 주인공이 어떤 모습으로 성장하기를 기대해 왔던가요. 〈손 없는 색시〉의 가치는 이 질문에 대한 답을 쉽게 내어주지 않는다는 데에 있다고 봅니다. 웃고 넘기는 민담이 아니라 신성한 신화로 여길 만큼, 한반도에서만이 아니라 바다를 건너 먼 나라들에서도 오래오래 전해온 이야기였던 만큼 그 안에는 분명 숨은 의미가 더 있을 겁니다.

맥없이 참고 받아들이기만 해서 너무 정적인 인물로만 보였던 손 없는 색시의 힘은 바로 그 '인내'에 있습니다. 자신의 의지와 별개로 시련과 고난 속으로 끊임없이 떠밀리는 삶 속에서도 끝까지 평정을 잃지 않는 것. 개선되지 않는 열악함 속에서도 자신이 지켜야 하는 것(아들)과 당장 할 수 있는 것(길쌈)에 집중하며 고요하게 인내하는 삶. 그런 삶의 태도에 잠재된 가치를 몸소 증명해 보인 이가 손 없는 색시입니다. 스스로의 힘으로 맞서기 힘든 현실의 문제들은 무리하게 돌파하기보다 때로는 또 다른 일에 몰두하며 그 시간을 버텨낼 줄 아는 것 또한 지혜로운 성장이 아닌지요. 우리에게 익숙한 주인공들은 어떤 식으로든 선명한 성취를 이룸으로써 자신의 성장을 입증해 보이는 데 비해 손 없는 색시가 이룬 성장한 그다지 화려하지 않아서 눈치채기 어려웠을 뿐 이 이야기도 분명 성장에 대해 말하고 있습니다.

아무것도 하지 않는 듯 보일 만큼 끝없이 인내하는 주인공은 그 내면이 달라지고 있었어요. 묵묵한 인고의 시간은 곧 '사색'의 기회이며, 생각하는 인간의 내면은 점차 강건해지지요. 성장 서사의 새로운 문법을 제시하여 우리 문학사의 기념비적 작품이 된 〈마당을 나온 암탉〉은 주인공 잎싹을 끊임없이 '사유하는 존재'로 그렸기 때문에 쓸쓸하고 잔혹하게 죽임을 당하는 최후마저 아름다운 여운을 남깁니다. 이렇듯 자신과 세계에 대해 끝없이 생각하는 사람은 필연적으로 성장할 수밖에 없다는 점을 상기하면 〈손 없는 색시〉의 주인공은 분명한 성장의 주체입니다. 집을 떠나 고난을 겪는 동안 색시는 끝없이 걸었지요. 걷고 또 걸으면서 어떤 생각을 했을까요. 자기 자신, 부모, 부부, 자식 등 자신을 둘러싼 타인과 세계에 대해 끊임없이 성찰했을 것입니다. 모질고 야속하게 자신을 버렸던 아버지를 뒤끝 없이 용서하고 포용하는 건강한 정신은 그 치열한 자기 성찰의 결과로써 얻은 귀중한 자산일 겁니다.

이렇듯 성장이란 언제나 선명하게 감지되는 것도 아니요, 당차고 주도적인 이에게만 주어지는 것도 아니며, 그 과정이 늘 타당하고 아름답지만도 않습니다. 자신을 억누르는 부당한 현실에 당장 정면으로 맞설 용기나 능력이 없는 소심하고 미숙한 이들에게 성장은 더욱 요원한 숙제처럼 여겨지겠지만 〈손 없는 색시>는 바로 그런 이들에게 위로를 건넵니다. 한 인간이 삶의 통과의례들을 겪어낼 때 맞닥뜨리는 참혹함과 두려움, 막막함과 좌절이 있는 그대로 담겨있고, 그것은 꼭 깨부수며 돌파해야만 하는 것이 아니라 그저 묵묵히 견뎌내는 것만으로도 괜찮다고 말합니다. 잘려나가 없어졌던 손이 마법처럼 재생되는 이야기는 그야말로 이야기적인 이야기로 보였지만 그 환상적 상징을 걷어내었을 때 이것은 더 이상 허구로서 존재하는 이야기가 아니게 되는 것이지요. 잘 만들어진 이야기인 듯도 하고 있는 그대로의 우리네 삶 자체이기도 한 <손 없는 색시>는 그래서 역설적으로 빛나는 이야기입니다.

지금 제 말은 이야기가 되고 있나요? 언론계에서는 기삿거리를 두고 '얘기가 된다' 혹은 '얘기가 안 된다'는 말들을 사용한다고 합니다. 기자가 찾아온 것을 상부에 보고하면 그 둘 중 하나의 말이 돌아온다고 해요. 지금까지 제가 떠든 말들은 어느 정도나 얘기가 될는지요. 어릴 때부터 <소공녀>를 좋아해 왔건만 아직도 헤매기 바쁜 고전문학도는 이런저런 말들을 늘어놓으며 이야기라는 것의 본질을 다시금 되새겨 봅니다. 콘텐츠며 스토리텔링이며, 문학이며 해석이며 하는 세상의 모든 이야기들은 결국 자기 서사self-narrative의 훈련을 위해 존재하는 것이 아닌지요.

누구에게도 뒤지지 않을 만큼 이야기를 사랑하고, 남부럽지 않은 이야기꾼이 되고자 소망해왔지만 갈 길은 멀어서 별수 없이 흔들리는 날이 많습니다. 그래도 이야기꾼이 되겠다고 애를 쓰다 보니 삶의 문제들을 척척 해결할 수는 없어도 문제 속에서 버티는 힘 한 줌은 내 손에도 쥐어졌구나 싶은 날도 있어요. 그러니 저는 앞으로도 갖가지 이야기들을 찾아 읽고 오래오래 생각하면서, 이야기를 통해 배운 도전정신과 용기로 굴하지 않는 모험 서사를 써나가 보겠습니다. 물론 어떤 날에는 인내와 사색을 통해 단단한 주체로 바로 서는 고요한 성장 서사의 주인공도 되어 볼 참입니다. 이야기의 세계, 이야기하기의 정신을 좇으며 몸소 체득한 힘은 결국 나 자신을 구원하고 나와 관계 맺은 많은 이들의 호혜적 성장을 이끄는 위대한 힘이라고 믿기 때문입니다.

맺음말

맺음말

어설픈 졸업논문을 굳이 대중 교양서로 다듬어내겠다는 용기. 스스로도 이해하기 힘들 만큼 무모한 그 결심은 이념사회의 불꽃 속으로 스러져 간 수많은 효녀와 열녀들이 대부분 어린 소녀였다는 데에서 비롯되었습니다. 지금이라면 교복을 입고 또래와 어울려 학업 스트레스 따위를 불평하고 있을 10대 소녀들이, 그 시절에는 가부장이라는 이름의 아버지 혹은 남편을 위해 자신의 목숨을 기꺼이 내놓아야만 했으니 자연히 애석한 마음이 들 수밖에요. 원고를 고쳐쓰는 내내 비판보다는 성찰과 애도를, 고발이 아니라 환기와 공유를 유념하려 한 것도 그런 마음의 연장이었다는 생각이 듭니다. 그렇기에 이 책은 대개는 이름도 없이 사라진 미약한 소녀들, 그러나 실상은 삶의 난제 앞에서 스스로 용단을 내리고 그 결심을 곧장 실행해 세상을 놀라게 했던 작은 거인들을 기리는 뒤늦은 추도사로 보아주셔도 좋겠습니다. 때로는 횃불 같은 기세로 타올라 부서지고 때로는 촛불처럼 조용히 사위어 간 소녀들을 함께 기억해주는 분이 계신다면, 그 먼 날의 가여운 삶들을 좇아 꾸역꾸역 이어온 제 공부도 비로소 이름 지어지지 않을지요.

기댈 곳 없이 버려진 주인공들의 이야기에 이렇게 마음이 쓰이는 것은 〈소공녀〉를 닳도록 펼쳐보던 어린 날의 관성이기도 하겠지만 지금 마주한 현실과도 무관하지 않을 것입니다. 공부를 시작한 이래 학교도 전공도 여러 번 바뀌면서 저는 소속감을 잘 모르고 살았어요. 이런 게 소속감인가 싶은 찰나들이 스쳐가기는 했어도 돌아보면 언제나 혼자서 갈망했을 따름이었습니다. 자의로든 타의로든 새로운 환경에 자주 내던져진 탓에 혹 자기소개서라도 쓸라치면 시작부터 구구절절할 수밖에 없던 처지가 서럽고 구차한 날도 많았습니다. 자기 연민이 얼마나 해로운지 잘 알지만 아무리 다듬어도 간결해지지 않는 자기소개서처럼 삶도 명료하지 못한 것 같아 슬펐고, 어딘가의 일원이길 바라면서도 자기 방에 갇혀 고립을 자처하고 마는 못난 성질머리가 싫었어요.

그런데 이야기란 본래 간단명료할 수가 없잖아요. 분열하며 떠돌던 시간들이야말로 한 편의 이야기가 된다는 생각을 지금에서야 해봅니다. 그리고 생각이 여기만큼 이른 것은 전적으로 공부의 힘이었음을 믿게 되었어요. 이리저리 굴러들어갔다 튕

겨나오기를 반복하면서 참 많은 선생님들께 배우며 이만치 자랐습니다. 한 곳에 안착하지 못했지만 오히려 각 분야에 정통한 선생님들의 가르침을 두루 받으며 늘 조마조마한 긴장 속에서 새롭게 익혀야 할 것들이 많았으니 공부의 권태란 알 겨를도 없이 그저 뒤좇아 가기 바쁜 나날이었어요. 구비문학과 한문학, 문학론과 문학교육론, 그밖에 콘텐츠며 아동문학이며 하는 그 무엇들까지. 경계를 넘나들며 새로운 세계에 입문할 때마다 공부가 너무 어려워서 그만 드러눕고 말 때는 있었어도 지겨워서 싫증이 났던 적은 없습니다. 갖은 욕심에 비해 턱없이 모자란 제자의 공부를 놀라운 인내와 열의로 끝까지 이끌어주신 지도교수님, 학위과정 내내 헤매느라 정신없었지만 산만하고 서툰 모습을 때론 기특하게 때론 마뜩잖게 여겨주신 무섭고 다정하신 선생님들 모두 감사드립니다. 오늘의 지성과 영감은 뜨내기 학생으로서 무작정 받아적으며 곱씹어보던 바로 그 말씀들이 원천입니다.

갓 졸업한 신출내기에게 뜻밖의 귀한 기회를 주신 모교의 출판문화원에 감사드립니다. 자칫 늘어질 뻔했던 졸업 직후에 <박사학위논문 저술장려 지원사업>의 수혜자로 선정되면서 못 다한 공부를 쉼 없이 이어갈 수 있었습니다. 그러나 책은, 특히 대중서는 공부가 충분히 여물고 난 후라야 생각해볼 일이라고 여겼는데 이렇게 일찍 기회가 닿을지 몰랐어요. 치열했던 만큼 쉽기도 했던 저의 30대에 큰 위안을 주신 줄로만 여기고, 부족한 걸 알면서도 당장 감사한 마음에 덜컥 책을 쓰겠다고 나선 제 자신을 이제야 책망해 봅니다. 분량 조절부터 장별 구성 및 서술방식까지 두루 조언을 주신 원장님과 편집자 선생님들 덕분에 딱딱하고 재미없는 논문을 읽기 좋은 책으로 빚어내기 위해 끊임없이 고민하며 많이 배웠습니다.

표지부터 삽화까지 이 책의 모든 그림을 선물해준 주혜에게도 특별한 인사를 전합니다. 아무리 다듬었어도 내용만 놓고 보면 여전히 곳곳이 부끄럽지만 친구가 그려준 맑고 선량한 그림들만은 어디에든 자랑하고 싶습니다. 가볍게 스케치한 구상노트의 한 귀퉁이든 다 완성한 그림이든 이 책을 위해 밤새워 고민하는 친구의 마음을 받아볼 때마다 얼마나 눈물이 났던지요. 멋모르고 시작한 단행본 작업인지라 예상보다 긴 시간을 흘려보내면서 완주할 자신이 없어질 때가 많았는데 매번 바뀌는 혼란한 원고를 밑줄 그어가며 읽고 또 읽어준 친구가 있어 함께 끝까지 왔습니다. 20년 전 어느 날, 글·그림 나눠서 웹툰이든 뭐든 언젠가는 같이 만들어 보자며 농담처럼 내뱉은 말이 상상 이상의 현실이 되었으니 기쁨과 고마움으로 벅차오르는 마음은 다 설명하기 어렵네요. 다만, 나보다 내 생각을 더 선명하게 이해하고 내가 닿지 못한 부분은 섬세하게 일깨워주는 이런 친구가 있어 무엇도 부럽거나 무섭지 않아지는 순간이 있다고 말하고 싶습니다.

한없이 느린 딸을 별 타박도 원성도 없이 그저 믿고 기다려 주시는 부모님. 끝내 손녀 자랑 한번 시원케 못하셨지만 그 섭섭함마저 조용히 안고 떠나신 우리 할아버지, 할머니. 담담한 그 얼굴과 목소리를 떠올리며 더 바쁘게 공부해 나가겠노라 다시 긴 숨을 몰아쉬어 봅니다.

2024년 3월

임 이 랑

참고자료

1. 기본 자료

남유용南有容, 『뇌연집雷淵集』, 「효자박씨전孝子朴氏傳」

박지원朴趾源, 『연암집燕巖集』, 「열녀함양박씨전烈女咸陽朴氏傳」

서경창徐慶昌, 『학포헌집學圃軒集』, 「영남효열부전嶺南孝烈婦傳」

성해응成海應, 『초사담헌草榭談獻』, 「경운궁 궁인慶運宮宮人, 한보향韓保香, 이수칙李守則」

신광현神光縣, 『위항쇄문委巷鎖聞』, 「안협효부安峽孝婦」

안석경安錫儆, 『삽교집霅橋集』, 「박효랑전朴孝娘傳」

______, 『삽교만록霅橋漫錄』, 「검녀劍女」

이건창李建昌, 『명미당집明美堂集』, 「이수칙전李守則傳」

이옥李鈺, 『담정총서藫庭叢書』, 「반촌사정려기頖村四旌閭記」, 「협효부전峽孝婦傳」, 「열녀이씨전烈女李氏傳」, 「수칙전守則傳」

이의현李宜顯, 『도곡집陶谷集』, 「도협총설陶峽叢說」

임상정林象鼎, 『자오록초自娛錄抄』, 「박효랑전朴孝娘傳」

작자미상, 『파수록罷睡錄』, 「효부감호孝婦感虎」

정약용丁若鏞, 『여유당전서與猶堂全書』, 「열부론烈婦論」

유화수·이은숙 편역, 『계서야담溪西野談』, 국학자료원, 2003.

이월영·시귀선 편역, 『청구야담靑邱野談』, 한국문화사, 1995.

임석재, 『한국구전설화(1)~(10)』, 평민사, 1987~1993.

2. 단행본

강명관,『열녀의 탄생』, 돌베개, 2009.

박희병,『한국 고전 인물전 연구』, 한길사, 1993.

박희병·정길수,『기인과 협객』, 돌베개, 2010.

손혜리·이성민,『연경재 성해응의 초사담헌』, 사람의무늬, 2015.

송희준,『조선의 마지막 문장』, 글항아리, 2011.

신동흔,『옛이야기의 힘』, 나무의철학, 2021.

실시학사 고전문학연구회,『이옥전집』1~4, 휴머니스트, 2009.

______ ,『이향견문록』, 글항아리, 2016.

안세현,『전傳, 불후로 남다』, 한국고전번역원, 2018.

이가원,『연암소설연구』, 을유문화사, 1965.

이동근,『조선후기 전傳 문학 연구』, 태학사, 1991.

이숙인,『동아시아 고대의 여성 사상』, 여이연, 2006.

이우성,『한국의 역사상』, 창작과비평사, 1982.

이우성·임형택,『이조한문단편집』1, 창비, 2018.

이재호,『삼국유사三國遺事』1~2, 솔, 1997.

이혜순·김경미,『한국의 열녀전』, 월인, 2002.

이혜순·임유경 외,『우리 한문학사의 여성 인식』, 집문당, 2003.

한국고전여성문학회,『조선시대의 열녀담론』, 월인, 2002.

허경진,『조선 평민 열전』, 알마, 2014.

사마천 저著·김원중 역譯,『사기열전』1, 민음사, 2019.

3. 논문

1) 학술논문

강명관, 「조선시대의 성담론과 성」, 『한국한문학연구』42, 한국한문학회, 2008.

______, 「「열녀함양박씨전」 재론」, 『동양한문학연구』32, 동양한문학회, 2011.

강성숙, 「19세기 여성 효열孝烈 담론 일고찰」, 『한국고전여성문학연구』26, 한국고전여성문학회, 2013.

______, 「조선조 열녀전의 구성방식과 문학사적 의의」, 『정신문화연구』30, 한국학중앙연구원, 2007.

강진옥, 「열녀전승의 역사적 전개를 통해 본 여성적 대응양상과 그 의미」, 『여성학논집』12, 이화여대한국여성연구소, 1995.

강혜규, 「삽교 안석경의 '검녀' 연구-여협 서사 전통의 계승과 변용」, 『한국한문학연구41』, 한국한문학회, 2004.

김경미, 「개화기 열녀전 연구」, 『국어국문학』132, 국어국문학회, 2002.

김광형, 「효열설화孝烈說話의 양상樣相과 현대적 의미」, 『여성문제연구』13, 대구효성가톨릭대학교 사회과학연구소, 1984.

김기림, 「19세기 말·20세기 초 여성 교훈서의 '복수 일화'와 그 의미」, 『한국고전여성문학연구』40, 한국고전여성문학회, 2020.

김도환, 「고전소설 자객요소의 창작경로-「구운몽」, 「창선감의록」의 중국 협의 자객담 수용을 중심으로」, 『고소설연구』42, 한국고소설학회, 2016.
김수연, 「호랑이담에 나타난 여성의 욕망」, 『동악어문학』53, 동악어문학회, 2009.
______, 「열녀전의 경계와 균열」, 『한국어문학연구』55, 한국어문학회, 2010.
김재환, 「와사옥안 역해」, 『동의어문논집』10, 동의어문학회, 1997.
김유미, 「열녀전 서술 방식 일고」, 『한국고전연구』34, 한국고전연구학회, 2016.
김정경, 「조선 후기 열녀의 순절의 의미화 방식 연구」, 『국제어문』53, 국제어문학회, 2011.
김창석, 「한국 고대의 복수관과 그 변화」, 『역사와현실』88, 한국역사연구회, 2013.
김현우, 「한국 효자전 목록 작성 및 정량 분석」, 『효학연구』27, 한국효학회, 2018.
김혈조, 「박효랑 사건과 그 문학적 연변」, 『인문연구』10, 영남대학교 인문과학연구소, 1989.
______, 「한글본 「박효랑전」 연구(上)」, 『인문논총』13, 영남대학교 인문과학연구소, 1992.
______, 「연암의 「열녀함양박씨전」 재고-새로운 자료 소개를 겸하여」, 『대동한문학』24, 대동한문학회, 2006.
남은경, 「한중 고전문학 속의 여성 이미지 비교」, 『한국고전여성문학연구』10, 한국고전여성문학회, 2005.
류준경, 「박효랑 사건의 서사화 양상과 그 의미」, 『고전문학연구』25,

한국고전문학회, 2004.
문미애, 「임상정 「박효랑전」의 서사적 특징과 의미」, 『건지인문학』18, 전북대학교 인문학연구소, 2017.
박선영, 「근대계몽기 여성용 교과서, 근대적 '여성'의 기원과 형성」, 『한국문예비평연구』47, 한국문예비평학회, 2015.
박수밀, 「『열녀함양박씨전』의 구조와 글쓰기 방식」, 『한국한문학연구』53, 한국한문학회, 2014.
박희병, 「한국 한문학에 있어 전傳과 소설의 관계양상」, 『한국한문학연구』12, 한국한문학회, 1989.
서인석, 「봉건시대 여성의 이념과 행동: 「박효랑전」과 「김부인열행록」의 경우」, 『한국고전여성문학연구』6, 한국고전여성문학회, 2003.
손정희·정무룡, 「삼국시대 열녀형 설화 연구」, 『동양한문학연구』17, 동양한문학회, 2003.
손혜리, 「성해응의 열녀전에 대하여-열녀인식과 그 형상화를 중심으로」, 『한국한문학연구』35, 한국한문학회, 2005.
______, 「18세기 서사양식의 교섭양상에 대하여-"강상효녀江上孝女"를 대상으로 한 작품 중심으로-」, 『한국한문학연구』40, 한국한문학회, 2007.
______, 「문학적 형상화를 통해 본 성해응의 복수론」, 『진단학보』115, 진단학회, 2012.
신태수, 「개인문집 소재 효자전의 유교적 효윤리」, 『한민족어문학』72, 한민족어문학회, 2016.
우강식, 「여협서사의 생산과 중국 무협소설사적 의의에 대한 고찰」,

『중국소설논총』38, 한국중국소설학회, 2012.
유승희, 「유혹하는 몸과 정절의 경계-김은애」, 『여/성이론』20, 여성문화이론연구소, 2009.
윤경희, 「우암 송시열의 여성인식 재고-비지문, 제문, 행장 등을 중심으로-」, 『한문교육연구』39, 한국한문교육학회, 2012.
이경미, 「조선후기 한문소설 '검녀'를 통해 본 한중 여협의 세계」, 『석당논총』40, 동아대학교부설 석당전통문화연구원, 2008.
이경하, 「『삼강행실도』의 폭력성 재고-열녀편을 중심으로」, 『고전문학연구』35, 한국고전문학회, 2009.
이대형, 「조선전기 열녀전 연구」, 『연세어문학』26, 연세대학교 국어국문학과, 1994.
이명학, 「한문단편에 나타난 여성형상: 「검녀」,「길녀」를 중심으로」, 『한국한문학연구』8, 한국한문학회, 1985.
이병직, 「강상효녀담의 창작방식과 소설로의 수용」, 『고소설연구』33, 한국고소설학회, 2012.
이병철, 「영조 구술 어제지문 사도세자 묘지의 존재와 서지 검토」, 『한국사상과문화』93, 한국사상과문화학회, 2018.
이월영, 「야담집 소재 여성담 연구-반 여성이데올로기 여성담을 중심으로-」, 『한국언어문학』39, 한국언어문학회, 1997.
______, 「<열녀함양박씨전> 연구-문학적 전략을 중심으로-」, 『한국고전여성문학연구』24, 한국고전여성문학회, 2012.
이종주, 「동북아시아의 성모 유화柳花: 만주, 한반도에서의 유화산 숭배」, 『구비문학연구』4, 한국구비문학회, 1997.

이지양, 「이옥의 문학에서 '남녀 진정'과 '열절'의 문제」, 『한국한문학연구』29, 한국한문학회, 2002.
이채경, 「18세기 야담의 유사 요소 교착 및 변개 양상」, 『대동한문학회』40, 대동한문학, 2014.
이헌홍, 「송사소설의 갈래적 근거」, 『국어국문학』33, 국어국문학회, 1996.
이훈종, 「새로 밝혀진 실화고대소설 박효랑전 경위」, 『겨레어문학』50, 겨레어문학회, 1969.
이숙인, 「조선 초기 유학의 여성인식 - 여성 범주의 제도화를 중심으로 -」, 『정신문화연구』31, 한국학중앙연구원, 2008.
이혜순, 「조선조 열녀전 연구」, 『성곡논총』30, 성곡학술문화재단, 1999.
임완혁, 「「영남효열부전」 연구」, 『한문교육연구』16, 한국한문교육학회, 2001.
임유경, 「이옥의 열녀전 서술방식과 열烈 관념」, 『어문학』56, 한국어문학회, 1995.
_____, 「조선후기 전에 나타난 여성상의 변모」, 『어문학』75, 한국어문학회, 2002.
_____, 「'이향견문록' 소재 여성전의 성격」, 『한국고전여성문학연구』7, 한국고전여성문학회, 2003.
임이랑, 「조선 후기 '박효랑 서사'의 변전 양상과 의미 - 임상정, 남유용, 안석경의 비교를 통해」, 『한국문학이론과 비평』91, 한국문학이론과 비평학회, 2021.

______, 「〈호랑이가 도운 효부孝婦〉의 서사적 교섭 양상-구비설화와 '전傳' 갈래의 비교를 중심으로-」, 『구비문학연구』61, 한국구비문학회, 2021.

______, 「〈이조집〉 소재 '여성 치부致富·치산담治産談'의 서사적 특성과 의미-구비설화와의 교섭 양상을 중심으로-」, 『한국한문학연구』86, 한국한문학회, 2022.

______, 「아동문학으로서 여성 고난 설화 다시쓰기-〈내 복에 산다〉, 〈구렁덩덩 신선비〉, 〈손 없는 색시〉를 중심으로-」, 제94회 한국문학교육학회 전국학술대회 자료집, 2023.

임이랑·박수진, 「여성 고난 설화의 연행과 전승에 나타난 탈가부장적 지향-〈내 복에 산다〉, 〈구렁덩덩 신선비〉, 〈손 없는 색시〉를 중심으로-」, 『문학교육학』78, 한국문학교육학회, 2023.

전경목, 「'박효랑 사건'의 전말과 소송상의 문제점」, 『법사학연구』31, 한국법사학회, 2005.

전용문, 「한문단편 '검녀'에 대하여」, 『어문연구』14, 충남대학교 어문연구회, 1985.

정순희, 「조선 후기 산문에 나타난 '협俠'의 의미」, 『한국문학이론과 비평』30, 한국문학이론과 비평학회, 2006.

______, 「박지원의 비지류 산문에 나타난 '효孝'의 형상과 의미-'증사헌부지평예군묘갈명'과 '효자증사헌부지평윤군묘갈명'을 중심으로」, 『한국언어문학』90, 한국언어문학회, 2014.

정운채, 「효자전에 나타난 사대부의 효와 그 심리적 특성」, 『인문과학논총』34, 건국대학교 인문과학연구소, 2000.

정인혁, 「「영남효열부전」과 「협효부전」 비교 연구-인물 관계와 대화 양상을 중심으로」, 『기호학연구』34, 한국기호학회, 2013.
정재서, 「동아시아 문화담론과 성-효녀 서사를 중심으로」, 『중국어문논총』23, 중국어문연구회, 2002.
정출헌, 「삼국의 여성을 읽는 두 '남성'의 시각 -'삼국사기'와 '삼국유사'를 중심으로」, 『동양한문학연구』19, 동양한문학회, 2004.
정하정, 「'권력'이라는 관점에서 바라본 '박효랑 사건'의 전개-정치 권력의 대응 양상을 중심으로」, 『고전과해석』26, 고전문학한문학연구학회, 2018.
정환국, 「이옥에게 있어서 '여성'」, 『한국고전여성문학연구』27, 한국고전여성문학회, 2013.
_____ , 「이옥의 인간학-전傳을 대상으로-」, 『한국한문학연구』52, 2013.
조성을, 「실학의 여성관-이익李瀷·정약용丁若鏞을 중심으로」, 『한국사상사학』20, 한국사상사학회, 2003.
조혜란, 「조선의 여협, 검녀」, 『한국고전여성문학연구』12, 한국고전여성문학회, 2006.
진재교, 「조선조 후기 이념 안의 법률과 이념 주체의 여성-"박효낭朴孝娘 사건"의 독법」, 『민족문학사연구』59, 민족문학사학회·민족문학연구소, 2015.
최지녀, 「「열녀함양박씨전」 연구」, 『국문학연구』16, 한국국문학회, 2007.
허남욱, 「조선 후기의 문체 및 문체반정에 대한 연구」, 『한국고전연구』

5, 한국한문고전학회, 1995.
홍인숙, 「17세기 열녀전 연구」, 『한국고전연구』7, 한국고전연구학회, 2001.
______, 「봉건 가부장제의 여성 재현 - 조선후기 열녀전」, 『여성문학연구』5, 한국여성문학학회, 2001.
______, 「조선후기 제문 - 여성 대상 제문을 중심으로」, 『대동한문학』25, 대동한문학회, 2006.
황수연, 「자결을 통해 본 욕망의 문제 - 「열녀홍씨전」을 중심으로 -」, 『한국고전여성문학연구』16, 한국고전여성문학회, 2008.
______, 「한말 도학파의 여성담론 - 간재艮齋 전우田愚를 중심으로」, 『한국고전여성문학연구』28, 한국고전여성문학회, 2014.

2) 학위논문

강영숙, 「조선 열녀전 연구」, 영남대학교 박사학위논문, 2010.
강혜규, 「삼교 안석경의 산문 연구」, 서울대학교 박사학위논문, 2006.
김보람, 「19세기 조선 사대부의 열녀 인식: 기문奇文으로 재구성된 열녀전 「삼한습유」를 중심으로」, 서울대학교 석사학위논문, 2014.
김성아, 「이옥 문학에 나타난 작가 의식: '전' 문학을 중심으로」, 국민대학교 석사학위논문, 2011.
문경호, 「「이향견문록」을 통해 본 조선후기 중인中人 문화 연구」. 공주대학교 석사학위논문, 2008.
민경대, 「이옥의 '전傳' 연구: 열녀전 모형과 일사전을 모형중심으로」,

경기대학교 석사학위논문, 1991.
박길희, 「「창선감의록」의 교화적 성격과 작가의식」, 순천대학교 박사학위논문, 2014.
박선희, 「조선후기 '열녀담론' 연구 - 「열녀전」을 중심으로」, 강원대학교 석사학위논문, 2012.
박인숙, 「박지원과 이옥의 전에 나타난 열녀상 연구」, 울산대학교 석사학위논문, 2007.
성화민, 「이옥의 「이언俚諺」에 나타난 여성의식 연구」, 계명대학교 석사학위논문, 2008.
손균익, 「조선 초기 복수사건 연구」, 한양대학교 석사학위논문, 2013.
손민서, 「이옥 '전傳' 연구: 작가의식의 변모 양상을 중심으로」, 서울시립대학교 석사학위논문, 2010.
송정우, 「조선후기 한문 검협서사」, 서울시립대학교 석사학위논문, 2019.
안순남, 「한·중 '여성 복수 서사' 비교 연구 -'시집가지 않은 여성 이야기'를 중심으로」, 전북대학교 박사학위논문, 2022.
엄경섭, 「이옥의 전傳에 나타난 여성상 연구」, 충북대학교 석사학위논문, 2008.
이대행, 「18세기 열녀전 연구」, 연세대학교 석사학위논문, 1994.
이성휘, 「이옥의 전에 나타난 작가의식 연구」, 안동대학교 석사학위논문, 2002.
이승희, 「한국 고전 여성인물전 연구」, 인하대학교 박사학위논문, 2018.

이재두, 「『동국여지승람』의 효행 기록과 효 인식」, 경북대학교 석사학위논문, 2005.
이종호, 「이옥 소품에 나타난 기층민의 삶과 의식 연구」, 고려대학교 석사학위논문, 2016.
이주미, 「조선후기 여성 인물전 연구」, 성신여자대학교 석사학위논문, 2007.
이현우, 「이옥 소품 연구」, 성균관대학교 박사학위논문, 2002.
임유경, 「이옥의 전傳 연구」, 이화여자대학교 석사학위논문, 1980.
임이랑, 「조선 후기 여성 '효孝·열烈 서사' 연구-18·19세기 작품의 탈이념적 양상과 의미를 중심으로」, 전북대학교 박사학위논문, 2021.
임정현, 「이옥 전傳 작품의 양식적 특성 연구」, 연세대학교 석사학위논문, 2000.
장민경, 「이옥 전의 작가의식 연구」, 충북대학교 석사학위논문, 2007.
조영신, 「이옥의 문학 작품에 나타난 여성의식 연구」, 한국교원대학교 석사학위논문, 2003.
차준구, 「한국전설에 나타난 효孝의 문화정신 의학적醫學的 고찰」, 한양대학교 석사학위논문, 1978.
최은정, 「조선후기 여협서사 연구-한문단편 「여협」,「검녀」를 중심으로」, 고려대학교 석사학위논문, 2013.
최지녀, 「여성영웅소설의 서사와 이념 연구」, 서울대학교 박사학위논문, 2015.
홍인숙, 「조선후기 열녀전 연구」, 이화여자대학교 석사논문, 2000.

4. 기타

국사편찬위원회 한국사데이터베이스(https://db.history.go.kr/)

한국고전번역원 한국고전종합데이터베이스(https://db.itkc.or.kr/)

한국민족문화대백과사전(https://encykorea.aks.ac.kr/)

한국학디지털아카이브 한국구비문학대계(http://yoksa.aks.ac.kr/main.jsp)

한국학자료통합플랫폼 한국구비문학대계(https://kdp.aks.ac.kr/inde/gubi)

내 이름을 찾아주오

지은이 임이랑
일러스트 전주혜
펴낸이 양오봉
펴낸곳 전북대학교출판문화원

초판 1쇄 인쇄 2024. 5. 3.
초판 1쇄 발행 2024. 5. 10.

전북대학교출판문화원 전북특별자치도 전주시 완산구 어진길 32 (풍남동2가)
전화 (063) 219-5319~5322
FAX (063) 219-5323
출판등록 2012년 8월 20일 제465-2012-000021호

값 13,000원

ISBN 979-11-6372-225-0 03810